成长的「坐标」

「小蜜蜂」综合活动设计

主　编　何春秀
副主编　陶瑜蕾
　　　　唐军平
　　　　刘　桑

文汇出版社

"小蜜蜂"

因

习性与品质

被

洪小人

演绎成

形象标志

课程名称

绽放着

美丽与创生

成为学生成长的"滋润甘露"

成为学校特色的"形象大使"

序

助推学校课程的特色化、品质化发展

孙赤婴

　　学校课程的深度变革在于学生学习素养培养的同时，强调学生全面而有个性的发展，塑造良好的人格。职业选择、社会发展的需求，都呼唤着学校教育为学生的终生发展奠定基础。学校理应在实施好国家课程和地方课程的前提下，开发具有学校自身特点的、有利于学生终生发展的校本课程。校本课程是我国基础教育课程改革的一项重要策略。

　　在奉贤区的学校中，已经有一批具有学校特色、有利于学生发展的校本课程，地处奉贤区最边远的农村学校——洪庙小学也是其中的代表。为了打造具有乡村特色的校本课程，发挥课程的引领作用，洪庙小学积极挖掘传统资源，开发设计了着眼于学生的创新素养培养的"小蜜蜂"综合活动课程。

　　"有一只小蜜蜂，飞到西又飞到东，嗡嗡嗡嗡，嗡嗡嗡嗡，不怕雨也不怕风，自立自强有信心，刻苦耐劳勤做工，有恒一定会成功……""梦在前方，路在脚下"是洪庙小学何春秀校长的座右铭，她坚信"有志者事竟成"。洪庙小学的办学理念是："让每一个人都有梦想"。学校希望培养的学生能像小蜜蜂一样"明礼、勤奋、自主"，能像小蜜蜂一样朝着芬芳、朝着甜蜜的梦飞翔。

　　"让每一个人都有梦想"就是让学生全面而有个性地发展，这仅仅依托以通识化为主的基础性课程是远远不够的，需要学校构建有特色的、有品质的校本课程。"小蜜蜂"综合活动课程根据"我与自己""我与社会""我与自然"三个维度建构课程框架，分为三个主题模块："I成长"主题式综合活动课程、"慧生活"主题式综合活动课程、"法布尔"主题式综合活动课程。通过"I成长""慧生活""法布尔"三个模块的优化和整合,整体构建学校的综合活动课程。课程开发依托学校资源、家庭资源、乡土资源;通过有效的课程实施,引导学生对家庭生活、校园生活、家乡生活深入探究,从而树立起公民意识和社会责任感。

"小蜜蜂"综合活动课程注重多学科融合的学习体验,注重跨学科学习的项目共同体建设,目标在于培养学生的探究性学习能力与创新素养。"小蜜蜂"综合活动课程是洪庙小学基于学生发展、教师队伍、资源条件,校本化地实施国家课程和对国家课程的二度开发,开发与实施对学校的课程领导力提出了新的要求。学校项目团队在课程方案编制、课程开发、课程实施指导、管理与评价等方面都得到全方位的历练与提高,其经验呈现了学校项目团队在校本课程的顶层设计、资源建设、实践推进等诸多方面的努力。

"小蜜蜂"综合活动课程的开发与实施需要不断更新洪庙小学教师的课程理念,提升教师的课程开发能力。为此,学校引入专家资源,建立了综合活动课程跨学科项目组,打造符合学生成长发展需求的课程活动体系。在教师指导下,在跨学科融合的综合性学习活动中,学生涉猎不同学科领域,以基于问题的学习模式,尝试着学科知识整合取向;以基于项目的学习模式尝试着生活实践整合取向。如"法布尔"《植物大放送》,学生通过用筷子夹绿豆,提高手眼协调能力;通过比较叶子的大小,提高逻辑分析能力;通过记录小豆芽生长日记,提高探究能力。

"小蜜蜂"综合活动课程是洪庙小学对以学生发展为本的教育理念的实践,也是将教育思考转化为行为实践的演绎。在课程推进中,学校形成了"知行思交融"课程研发模式,促进教师课程理念和教学方式的转变,通过单元主题式的综合探究活动,促进学生提高探究性学习的能力。

比如其中的"法布尔"主题式综合活动课程,充分利用乡村学校的生态资源优势,打破了学科间的壁垒,以科技创新活动和生态探究为抓手,通过跨学科的体验学习和实践操作,不断实现从知识到能力、从学习到生活的沟通。课堂教学与生活实践紧密联系,更重视学生人格的成长。法布尔以昆虫为琴拨响人类命运颤音,"法布尔"主题式综合活动课程引导农村的孩子关注自然,养成热爱自然的情怀和探究自然的兴趣。"法布尔"主题式综合活动课程在奉贤区教学节活动、上海市 STEM 教育现场会等区市研讨活动中多次得到展示,获得教学同行的称道,学校也由此于 2020 年被评为上海市项目化学校。

目前课程改革还面临着严峻的挑战,因为至今为止中小学最广泛应用的课程模式还是分科目式的。然而,要让学生为未来的职业发展提前准备,他们必须超越学科的界限进行学习。伴随着课程改革的全面开展,对学生跨学科综合素养的要求带来的课程与教学的变革将波及中小学各学段。基础教育的课程教学理念和组织架构都将随之重组。我们的洪庙小学已经进行了积极的尝试!

洪庙小学课程改革的发展得益于学校课程管理团队教育思想的创新,得益于教育价值的多元思考。在这么一种环境之下,学校的学科教学在不断打破学科壁垒,在凿通学科知识体系的基础上,逐渐给学生还原一个整体学习的机会。学校课程建设的特征之一在于开发与实施的开放性,但是对于大部分学校而言自身力量有限,况且由于城乡的差异、资源的不均导致学校发展的不均衡。这就需要学校不断通过专业引领、实践努力,寻找课程新的开发点,指导教师进一步开发、实施符合学生创新素养培养的跨学科综合活动课程。

法布尔在童年时代就迷上了大自然中的花草虫鸟,靠自学获得了自然科学博士学位,他不知疲倦地从事独具特色的昆虫学研究,把成果写进一卷又一卷的《昆虫记》。

乡村女教师瓦尔瓦拉开学那天,没有一个学生来上课,她面对空荡荡的教室大声讲课,意外地,门外竟有几个孩子在听,后来学生越来越多,学校越办越好。

著名桥梁专家茅以升 10 岁那年的端午节,秦淮河赛龙舟,观者挤塌文德桥,溺死多人。茅以升萌生了愿望:我长大一定要做一个造桥的人,造的大桥结结实实,永远不会倒塌!

"杂交水稻之父"袁隆平做过一个梦:杂交水稻的茎秆像高粱一样高,穗子像扫帚一样大,稻谷像葡萄一样结得一串串,他和他的助手们一块儿在稻田里散步,在水稻下面乘凉。

谁能不为他们对事业的如醉如痴、魂牵梦绕,发出由衷的赞叹呢?他们的快乐,他们的充实,都来自所执着的、美妙的梦想。从本质上讲,地处奉贤区最边远的农村学校——洪庙小学的综合活动课程也是这样的一种思维方式,也是其中的代表。

"嗡嗡嗡小蜜蜂,嗡嗡嗡勤做工,我爱你有志气有本领。我要学蜜蜂勤做工,努力读书做好学生⋯⋯"教育的根本宗旨是立德树人。通过学校的课程建设,让广大学生在掌握基础知识的同时获得知行统一,洪庙小学在努力着发展学生的创新素养,着眼于课程改变未来。

衷心希望洪庙小学的"小蜜蜂"综合活动课程助推学校课程的特色化、品质化发展,衷心祝愿何春秀校长及其团队课改之路越走越宽,迈向新的成功!

2021 年 3 月

（本文作者为上海市奉贤区教育学院副院长兼教育研究中心主任、正高级教师、语文特级教师）

目 录

第一部分　"I成长"主题式综合活动课程

第二部分　"慧生活"主题式综合活动课程

第三部分　"法布尔"主题式综合活动课程

"小蜜蜂"综合活动课程研制经纬

　　"小蜜蜂"综合活动课程,是上海市奉贤区洪庙小学为学生度身定制竖起的"成长路标",也是学校致力于上海小学主题式综合活动课程建设的"洪小方案",更是探索现代小学走向优质之路的"向前跨步"。

　　"小蜜蜂"综合活动课程的研制,是一项系统工程,既是对以学生发展为本的教育理念的生动实践,也是对教育思想转化为教育行为的深刻演绎,更是对小学课程优质化、个性化、特色化的示范创新。在远郊小学的同类学校中,综合活动课程研发的经验具有一定的推广意义,学校的课程文化氛围与内涵建设,也可以为课程研究者提供实践素材。

 课程缘起

　　成长,是学生在校学习、生活的最大主题,也是对学生最好的关怀、关照的最佳课程。为了远郊小学的孩子也能享有优质的课程,洪庙小学一直致力于课程建设,特别是基于在地资源的校本课程开发成为学校上下的共识,希望通过课程的实施,给予学生丰富的学习体验以及更多的发展可能。

1. 做带着"泥土味"的课程

　　和所有农村学校一样,洪庙小学的学生近80％是随迁子女,学生家长几乎都是农民工。在租住的农民房里,很多学生连书桌都没有。以打工为主的家长们,在孩子教育上的投入是非常有限的。不过,难道就因为这样,我们的孩子就不需要丰富的课程了吗?

　　答案,当然不是。孩子,是一样的孩子!我们相信,让学生多接触一门课程,他们的明天就会多一种发展的可能。但课程不是无米之炊。学校底子薄,人才流失严重,青年教师居多,经验不足,而且多数不是师范院校毕业,专业基础相对薄弱。

所以,我们只能走一条"土"路——基于远郊农村小学的定位以及客观真实的校情学情,实实在在地开展一些学生能接受、老师做得了、学校和家庭能承受的接地气的课程。对此,课程开发团队有信心,我们走的虽然是"土路",但也是通向课程的"向阳路"。

2. 2013、2016、2018 年的时光催生

时光到了 2016 年,校内于 2013 年特辟的"法布尔生态实验室",历经 3 年运转渐成气候,引发了连锁效应和叠加效应。为了引导学生更加主动地学习,洪庙小学立足于"法布尔生态实验室",开发设计了满足学生学习体验的"小蜜蜂"自然教育综合活动课程,开始了以课程方式进行主题综合活动的教育教学之旅。

2018 年,《上海市小学低年级主题式综合活动课程指导纲要》的颁布,让洪庙小学的前期探索成为先行之旅,也为其后续的发展鼓劲。学校根据《纲要》精神,基于远郊农村小学的校情,立足原有课程基础和资源,以"I成长""慧生活""法布尔"三个模块内容对应综合活动的"我与自己""我与社会""我与自然"三个维度,开发设计了满足学生成长需求的"小蜜蜂"综合活动课程。

3. 六年"三个阶段"的厚积薄发

(1) 第一个阶段:做满足学生兴趣需求的课程

学校的课程探索之路是从 2015 年开始的。在对学校的课程、学情进行了调研后,基于学生的兴趣需求,2015 年下半年,我们整体搭建了"小蜜蜂课程"的框架。

"小蜜蜂"是我校的育人文化标志,它特有的品质:懂规则、会合作、勤劳动、善学习、负责任、乐探究,是我们课程的育人目标。我们想要让孩子们在课程中汲取养料,体验美好,发展可能,追求梦想,让每一个学生朝着甜蜜的梦飞翔,以达成我们的办学追求——让每一个人都有梦想。

由此,我们建构了课程的四大板块:学科特色,兴趣爱好,专题导引,节庆仪式……基于学校原有的和周边的资源以及教师的特长,倾力开发每一个板块的课程,从二十多门课程一直发展到六十多门。丰富的课程极大地满足了学生的兴趣需求,也丰富了学生的学习经历。

课程数量的增加,确实拓展了学生的兴趣。但是这些课程基本上都属于以教师为主的技能学习,没有与生活建立链接,没有深入地探究,因此学生学得并不主动。直到我们的目光聚焦在"法布尔"项目上的时候,我们才迎来了拨云见日的一刻,也进入了我们课程探索的新天地。

（2）第二个阶段：做满足学生生活体验的课程

学校的"法布尔"生态实验室给孩子们提供了一个实践体验的环境,提供了一个基于问题开展研究的平台。很多抽象的东西,也许在教室里老师要说上半天,学生还不理解,但到了"法布尔"这样一个开放、自由的环境中,学生就易于接受。孩子们在课堂上测量土地、计算面积;在兴趣活动中研究昆虫的结构、了解鸟巢的作用;在主题实践中设计植物铭牌,记录中草药的生长,开展菜地拍卖的前期调研……这样的活动深受孩子们的欢迎。这就给了我们一个启发,基于生活体验的课程才是学生真正喜欢的课程。

基于这样的认识,也基于"法布尔"大自然主题课程在1～5年级的纵向实践,我们重新审视并升级"小蜜蜂课程",将其作为满足学生成长需求的课程。我们以"综合实践"的基本理念把如散落珍珠般的小课程用教育的项链串起,这是我们2018年2月至今的一项重要工作。我们在坚定课程价值取向的基础上,重构课程,设计活动,不断地实践和改进。

（3）第三阶段：整合资源,开发综合活动课程

继2017年教育部正式发布《中小学综合实践活动课程指导纲要》后,2018年《上海市小学低年级主题式综合活动课程指导纲要》试行稿也发布了。解读了政策,我们更加坚定了课程探索的方向。原来我们不知不觉地就已经走在了综合实践课程探索的道路上。

我们成立了项目核心组,多次研读两份《纲要》,开展规划和设计,围绕着"综合活动"开展了多次头脑风暴。以综合活动课程所提倡的自主性、主题性、实践性、开放性、连续性、整合性为原则,以满足学生成长需求为宗旨,以我与自己、我与自然、我与社会的认识发展角度,梳理、遴选、拓展、重构、优化原有课程,形成了以"I成长""慧生活""法布尔"为横向坐标,以分年段学生能力维度为纵向坐标的综合活动课程体系。

4."小蜜蜂"综合活动课程的特性

"小蜜蜂"综合活动课程,是从学生的真实生活和发展需要出发,从生活情境中发现问题,转化为活动主题,通过探究、合作、制作、体验等方式,培养学生综合素质的跨学科实践型课程。

从"小蜜蜂"自然教育综合活动课程到"小蜜蜂"综合活动课程,洪庙小学历

经了课程的实践与提升,并从原有的课程发展模式中寻找到了课程开发的密码,支撑了"I成长""慧生活""法布尔"三个模块的架构和完善,也标志着洪庙小学对综合活动课程的体系建设达到了完整、优质的高度。

5. "小蜜蜂"综合活动课程的意义

"小蜜蜂"综合活动课程的设置,打破了基础教育学科课程一统天下的局面,建立了"学科和活动"优势互补的课程体系,是我国基础教育课程体系结构性的突破。

"小蜜蜂"综合活动课程体系,创新性地以学段为基础进行课程设置,以"I成长""慧生活""法布尔"三大模块为横向坐标,集合了"节庆与传统""法布尔实验室与自然""农耕与劳作""生命与成长""制作与创客"等内容,以一到五年级五个学段为纵轴,覆盖了全体学生,以"主题引领、周周渗透"的形式实践推进,完成综合活动课程的顶层设计,构建综合活动课程的"小蜜蜂"模型,让每一位洪庙学子都能在五年的小学生活里经历120次丰富的综合活动课程体验,拥有一份体系完整、充满个性的成长经历,镌刻下"小蜜蜂"课程的文化烙印。

 课程定位

洪庙小学对"小蜜蜂"综合活动课程的基本概念、名称认定和课程定位,是在精准地解读课程政策以及专家权威论证的基础上,基于学生需求界定的。

1. 冠名寓意

综合活动课程之所以冠名为"小蜜蜂",是因为"小蜜蜂"的习性和体现的品质,与学校的育人目标和学生需要养成的习惯、品质有着"对应"的关系、"对照"的关联和"对路"的关键。

蜜蜂,属膜翅目、蜜蜂科,是一种会飞行的群居昆虫,被称为资源昆虫。它们的生活习性,形成的群体规则,都可用来作为资源,通过梳理、对照和演绎,成为点拨学生的一种教育引领。

于是,学校将"小蜜蜂"习性及其寓意引入校园并冠名综合活动课程,是更注重与小学生的童年兴趣,通过具象的视觉效果、形象的内心演绎和万象的实践体验,让学生为成长注入自身的力量,引来众蜂竞飞的盛景。

为了使"小蜜蜂"更有教育的"拟人化",学校专门对"小蜜蜂"身上表现出来的习性和品质进行梳理、归纳、开发、总结,从而与学校对小学生的培养目标进行

"对应",形成一种"标志"和"寓意":

——蜜蜂是"明礼"的昆虫,群体飞行时按照一定的规则,喜欢群居生活,蜂王、雄蜂、工蜂等有明确的分工,这是懂规则、会合作的体现。

——蜜蜂是"勤奋"的昆虫,辛勤地采集花蜜,创造甜蜜与芬芳,这是勤劳动、善学习的体现。

——蜜蜂是"自主"的昆虫,自主落户安家,创造出结构复杂的蜂巢,懂得保护自己、保护家园,这是有主见、负责任的体现。

根据学校的育人目标,结合《上海市小学低年级主题式综合活动课程指导纲要》的要求,学校对综合活动课程的目标进行了校本化重构与表达:

(1)懂规则:能够合理安排自己的学习和生活,养成良好的学习生活习惯;理解并遵守社会基本行为规范文明礼貌,诚信待人;积极参与各项有益身心健康的活动,能够遵守社会公共守则。

(2)会合作:关注周围的人和事,关心尊重他人,喜欢与同学、师长沟通交往,能与同伴友好相处与合作。

(3)勤劳动:积极参与学校、社区、社会生活与劳动,初步形成对所在群体的归属感,逐步养成劳动精神。

(4)善学习:对周围世界有强烈的好奇心,善于观察和思考,喜欢提出问题。探索自己感兴趣的、与日常生活和社会密切相关的现象和浅显的规律,愿意表达自己的想法。

(5)有主见:能用感官和简单工具主动进行观察、测量、调查、实验和记录等;能用图画、实物、语言、文字、肢体动作或艺术等形式,自信地表达自己的需求、感受、认知和想象。

(6)负责任:体悟和适应从幼儿园到小学环境、生活与学习的变化,发展自理能力、情绪控制能力和自我保护能力,懂得珍爱生命;爱护身边的动植物和自然环境,具有保护环境的意识和行为,积极参与环保志愿者等行动;感受和体验祖国、民族、地域的历史、传统文化和社会发展成果,逐步养成民族自尊心、自信心和自豪感。

"小蜜蜂"综合活动课程的每一个课程目标都与《纲要》相吻合。

由"此"及"彼":学校希望培养的学生也能像"小蜜蜂"一样"明礼、勤奋、自主",也能像"小蜜蜂"一样朝着芬芳,朝着甜蜜的梦飞翔。

由"形"向"内":学校将此细化为"小蜜蜂"课程的培养目标,那就是懂规则、会合作、勤劳动、善学习、有主见、负责任。

2. 课程关系

说到"小蜜蜂"综合活动课程,有必要厘清"小蜜蜂"综合活动课程与"小蜜蜂"课程的关系。

"小蜜蜂"课程包含三个方面:"小蜜蜂"学科课程、"小蜜蜂"兴趣拓展课程、"小蜜蜂"综合活动课程。"小蜜蜂"综合活动课程的每周一次活动,安排在每周五下午,每次活动时间为 80 分钟。每学期每个年级的学生都要经历三个模块的各四次主题活动,在五年时间里,洪小的学生将参与 120 次活动。

学校在建构模块时,整合了"仪式教育""专题教育""心理教育"相关课程,重组为"我与自己"维度的课程内容;拓展了"传统节庆""基地实践""劳动教育"等相关课程,发展成为"我与社会"维度的课程内容;继承了原有"小蜜蜂"自然教育综合活动课程,补充成为"我与自然"维度的课程内容。

模块的建构不是简单地将已有课程进行合并重组,而是基于三个维度进行有主题、有序列的规划,从而形成了以"I 成长""慧生活""法布尔"为横向坐标,以分年段学生培养目标为纵向坐标的综合活动课程体系。

不论是学科课程,或是兴趣拓展课程,还是综合活动课程,其课程的培养目标都是"懂规则、会合作、勤劳动、善学习、有主见、负责任"。但在不同的课型中,这培养目标的六个具体指向和做法是有所侧重的。

3. 课程价值

学校秉承"人人有才,人人成才"的办学宗旨,统一育人思想,塑造课程文化,把"让每一个人都有梦想"确立为学校的办学理念,把"礼仪、勤奋、自主"的"小蜜蜂精神"作为学校共同的行为文化,在原有课程模块基础上,构建"小蜜蜂"课程体系,用创意实践落实课程政策精神。

学生在洪小的课程体系中,必须经历课程所赋予的多种体验和基本经验,形成洪小学子的成长图谱,并留存文化烙印。学校则在课程文化建设以及校本课程项目化、产品化的道路上走出自己的轨迹。

学校注意到,课程林立的同时,学校的育人观没有得到统筹,每个课程都有自己的课程理念以及培养目标,这使得学校课程观在表述方面缺少了统一的育人目标,不能达成育人的共识。虽然学校有丰富的课程,但学生往往只能参加一个课程,就好像身在树林,却只能爬一棵树,这是原有课程的结构决定的。"小蜜蜂"综合活动课程,通过重新整合和架构,强调"三注重"和"三培育":注重多学科融合的学习体验,发掘学生潜质,培育学生自主学习能力;注重协作学习的共同体建设,基于网络空间,培育学生协作学习文化;注重持续动态的过程性评价,培育学生综合素养,成就学生最大个性化价值。这样做,有利于课程效益的最大化实现。

"小蜜蜂"课程的价值,除了课程育人本身外,还具有成长坐标的意义。学生成长是小学教育的主题,也是课程活动的主线。"小蜜蜂"课程,虽然出于课程基因,但更多地带有成长坐标的作用,这一个个主题,不仅与学生不同阶段的成长需求和成长目标有着贴合的关系,而且用活动的方式搭建了成长的阶梯,更以适应时代和社会需求的历练铺设了成长的道路,为人生拓展做了极好的预备。学生通过课程学习,自我认知、读懂社会、认识自然,实现了课程引导学生成长的坐标功能。

课程特点

"小蜜蜂"综合活动课程,是学校"小蜜蜂"课程的重要组成部分,是和学校学科课程并列设置的必修课程。

1. 课程框架"三足鼎立"

学校根据"我与自己""我与社会""我与自然"三个维度建构课程的框架,分为三个模块:"I成长""慧生活""法布尔",且有着各自清晰的界定。

(1)"I成长"综合活动课程

"I成长":"I",大写的英文字母,代表"我";"成长",揭示指向;在这里表示"自我的成长"。

"I成长"综合活动课程,强调学生从自身出发,引导学生认识自我、管理自我、悦纳自我,培养良好的自我管理能力、兴趣爱好、个性特长等,让学生感受成长的宝贵、生命的可贵、自主的珍贵,从而获得真实的体验、亲历的真知、真正的快乐。

(2)"慧生活"综合活动课程

"慧生活":"慧",智慧、聪慧的意思;"生活",指的是学生面对的生活,包括学校生活、家庭生活和社会生活。"慧生活",指的是引导学生学会社会交往,具有生活的智慧。

"慧生活"综合活动课程,以社会为现场,偏重学生自身与社会的联系,主题内容指向集体,包括校园、家庭、社区、奉贤、上海和中国,通过由近及远、由小见大的体验活动,引导学生了解自己与社会的关系,感受社会的发展、科技的进步,培养待人接物、集体荣誉感等,从小关心身边事物,激发爱生活、爱家园、爱集体、爱祖国的情感。

（3）"法布尔"综合活动课程

"法布尔"是法国著名科学家、昆虫学家,学校的生态实验室和本课程皆以他的名字命名,旨在突出科学家的巨大贡献和对后人的影响及其教育的意义。

"法布尔"主题式综合活动课程,以"走进自然、探索自然、亲近自然"为课程理念,引导学生关注身边的自然世界,通过参与观察、记录、游戏、实验、制作等实践活动,尝试解决身边的问题,培养热爱自然的情感、不断探究自然的兴趣和辩证运用知识解决问题的能力。

2. 主题选取"三视角"

"小蜜蜂"综合活动课程的主题,鲜明深刻,贴近课程、学校资源和学生实际,不是拍脑袋,也不是随意而为,而是有着科学的考量和缜密的谋划。

（1）拓展原有的校本课程

学校在原有校本特色课程的基础上,根据学生的年龄特点、学习兴趣、综合活动课程目标,通过筛选、补充和拓展,形成现有的综合活动课程主题,使课程内容更符合学生的需求和更具操作性。

例如,将一年级新生准备期课程融入综合活动课程,以"班级是我家"为主题,设计了"欢迎来新家"为"慧生活"一年级第一学期综合活动课程第一周的活动;根据一年级的班会教育内容,在一年级第二学期"慧生活"模块,设计了"我为班级添光彩"的主题,孩子们将在"好友乐陶陶""小队出场秀""我的骄傲我的班""班级荣誉我守护"活动中,浸润同窗情,表达自己对朋友对集体的感情,对友爱、友情的珍视。

又如,学校将原有的一年级"欢迎来新家"新生入学准备课程,三年级"十岁生日"和五年级"我毕业了"仪式教育课程融入综合活动课程。以五年级第二学期"I 成长"模块综合活动课程"畅享毕业季"主题为例,学生通过"我与母校共合影""我与母校共成长""独家毕业礼"和"毕业星舞台"四周次的活动,经历与同学及老师一起完成母校合影留念、为同学写留言录、制作手绳给同学和老师、与同伴共跳一支舞等任务环节,并在实践和体验的过程中,与母校、老师和同学说"再见",同时也给未来的自己留下美好的期许。

再如,对原有的"昆虫"330课程进行拓展,将《昆虫旅馆》引入综合活动课程,在四年级的"法布尔"综合活动中开设《昆虫智趣屋》主题,设计了"昆虫放大镜""昆虫近距离""昆虫DIY""昆虫旅馆"四课时的主题内容,引导学生进行观察记录、问题分析、方案设计、动手操作、展示交流等,充分地开展实践。

(2)创生于当下的课程资源

学校挖掘课程资源,为学生拓展学习时间和空间,做到三个结合:课内与课外相结合,即除了在课堂上学习,学生还可以利用校园图书馆进行资料查阅;校内与校外相结合,充分利用校园周边资源,到社区、红色基地、周边企业等开展校外学习;线上与线下相结合,即通过信息化项目实现线上视频学习、打卡任务和作业上传等。

如,在"慧生活"课程四年级第二学期"奉贤攻略"主题第一周"英雄照我心"一课中,组织学生到奉贤曙光中学参观烘炉馆,学习李主一烈士英勇事迹,通过参观考察,完成红色记忆报告,激发学生对烈士的崇敬之情;"法布尔"综合活动课程的学习内容,多与学校自然环境和法布尔实验室相关,如一年级"奇妙花世界"中,学生通过探寻校园中的花,制作花瓣画,玩花名游戏,了解花的花期、花语等,感受大自然的美好和神奇。"法布尔"课程充分利用了学校生态实验室资源,对花朵、果树、昆虫、鸟类、气象等自然现象进行探究和学习,培养了学生探究自然、热爱自然的意识。

(3)链接于学生的实际生活

综合活动课程注重学生的亲身体验和积极实践,课程主题的开发立足于儿童真实世界,从孩子们生活的家庭、社区、校园和自然环境等真实生活中寻找主题活动内容,让孩子们在综合活动中感受生活情境、体验真实任务,逐步引导孩子们亲近生活、观察生活、体验生活,以培养爱生活、爱社会、讲文明的新时代好少年。

如,学生在成长过程中会遇到很多自我保护、健康管理等方面的问题,在二年级第一学期"I成长"模块设计了"安全训练营"主题,学生在"生活小能人""交通小标兵""应急小达人""消防小卫士"等活动中学会保护自己。

又如,学校梳理学生在学科学习、日常生活、兴趣拓展方面遇到的问题,开发主题。如,学校在"好奇宝贝总动员"活动中,学生提出"车前草的种子是怎么传播的"。于是开发"法布尔"综合活动课程二年级"植物大放送"主题,其中的"种子大玩家"中,老师通过让学生开展"巧手挑豆子"游戏、用种子搭建模型以及通过绘本故事,了解植物传播种子的方式……学生们在玩中学,在学中玩,对神奇的自然界产生强烈的好奇心。

再如,"慧生活"三年级第二学期第一周"欢迎来我家",学生通过绘制家到学校的各种路线,探索安全的最优路线,并且学习到同学家做客的注意事项等,活动内容紧紧贴合学生实际生活,为日常学习、生活服务,提高学生的日常交往能力和社会适应能力等。

综合活动课程的开发,从学生的角度出发,让学生在活动中亲身体验、主动探究。随着课程的实施开展,学校不断改进和完善课程体系、主题内容,让课程真正为孩子们的终生发展服务,成为孩子们每周期待的快乐课程。

3. 课程设计"八关注"

"小蜜蜂"综合活动课程在活动设计上,主要关注八个方面:

(1) 主题性

主题性,强调主题引领。每次活动主题先设、主题明确、主题先行。以"法布尔"二年级第二学期"植物大放送"主题为例,这一主题设计了四周的活动,分别是"种子大玩家""小豆芽日记""叶子大不同""我给大树当裁缝"。

每周两课时的活动中,均设计至少三个活动任务,活动任务围绕主题展开,活动与活动之间有一定的关联,每个任务都能让学生有一定的思考,由浅入深,个人任务和团队任务交替进行。

(2) 活动性

活动性,强调活动导入。注重课程内容的活动性,让学生在活动中体验。"种子大玩家"中,小组成员合作,将各种种子搭建成有趣的模型,种子变身为城堡、金鱼、竹筏等;"小豆芽日记"中,孩子们拿起豆腐盒、塑料水瓶,制作"小豆芽"的家;"叶子大不同"中,孩子们用石灰粉给叶子制作印章,保留叶子独一无二的美;"我给大树当裁缝"中,孩子们用画笔为树桩穿上七彩霓裳。每一课,孩子们都在玩中学,在学中玩。

(3) 综合性

综合性,强调学习联系。"叶子大不同"中,孩子们提起小篮子到"法布尔"中开展叶子大搜集,寻找自己喜欢的叶子。他们开展小组探究,将每个人捡到的叶子放在一起进行比较,用眼睛去观察叶子的形状、颜色、大小,用小手去触摸叶子的纹理。孩子们会欣喜地发现,每一片叶子都是与众不同的。他们比较叶子的大小,为叶子排排队;他们用石膏粉为叶子制作印章,将独一无二的叶子保存下来,并为其涂上绚丽的色彩……在这一系列活动中,孩子们用眼去发现,用心去感受,用手去实践,这是一次集艺术欣赏、个性创造、思辨探究为一体的综合性活动。

（4）趣味性

趣味性,强调妙趣横生。"我给大树当裁缝"中,教师通过创设情境,让学生走进故事情境中。大树是小朋友的好朋友,孩子们化身成一个个小裁缝,量一量"树朋友"的腰围:有的孩子用绳子绕树桩,有的孩子用手抱抱树桩……遇到"树搭档"是个大胖子,绳子够不着,小手抱不到,没关系,孩子们邀请组内小伙伴,手拉手围着树桩量腰围,创意无限! 测一测"树朋友"有多高,动画视频来帮忙,用自己来做尺,量出树的影子多长,就能得出树的身高啦! 最后,拿起彩笔,将自己对"树朋友"的喜爱,寄情于"树桩画",做回"小裁缝",给它穿上美丽的外衣。情境创设、合作探究、游戏比拼等都让活动变得更加有趣。

（5）开放性

开放性,强调无界学习。"小蜜蜂"综合活动课程创意设计了面向学生的整个生活世界的活动,有关体育锻炼的、有关生活自理的、有关自我保护的、有关内心成长的……活动内容相当开放;活动强调通过形式多样的实践任务让学生个体获得丰富多彩的学习体验,可以说活动过程也是开放的。

（6）自主性

自主性,强调主动意识。"小蜜蜂"综合活动课程创造性地设计了"限定主题"与"自主选择"两个方面的综合活动,就是希望学生能根据在限定主题中的兴趣、爱好自主选择延伸学习的内容;学生不仅能自主选择自己的学习内容,还能选择想要参加的学习团队,更能选择自己喜欢的方式呈现自己的学习成果。

（7）生成性

生成性,强调实践增值。"小蜜蜂"综合活动课程的"生成性"主要体现在后6次自主综合活动中。这是根据前24课时集中限定学习中生成的深入性问题的研究和学习。例如,四年级学生在学习《空中有来客》之后,有的学生也许对鸟类繁殖感兴趣,有的学生也许对鸟巢设计感兴趣,教师就会组建不同的学习小组,观察研究小鸡的孵化、设计制作鸟巢等。

（8）合作性

合作性,强调团队精神。"小蜜蜂"综合活动考虑到农村学校学生的实际情况,尤其是考虑到农村学生的交往能力差,学校在活动中设计了丰富的合作型任务,让学生在两两合作、四人小组合作、小队合作中交流、分享,提升合作能力。

4. 活动设计"六方位"

(1) 以目标导向为活动基石

综合活动课程中,学生可以实践、操作的内容实在太庞杂。面对这样的现象,如果没有一个抓手,课程将无法实施,学生就会陷入困境,迷失方向。这时,就需要聚焦目标,这个目标就是活动设计的方向。《上海市小学低年级主题式综合活动课程指导纲要》针对三个维度提出了明确的课程目标,"我与自己"强调认识自己、管理自己和表达自己;"我与自然"强调喜欢提问、敢于尝试、亲近自然;"我与社会"强调遵守规则、乐于交往、爱国自信。这恰好与学校提出的"懂规则、会合作、勤劳动、善学习、负责任、乐探究"育人目标、理念不谋而合。学校在《纲要》所提出的目标的基础上,进一步丰富了学校育人目标的内涵,为课程活动的设计奠定了扎实基础。

(2) 以任务驱动为活动媒介

学校将抽象的目标转化为学生在课堂中需要完成的事情。三个模块每周次的课程中,都至少设计三个活动任务,三个任务围绕本周次的主题展开,具有关联性;每个任务有一定的思考,由浅入深,具有挑战性;个人任务和团队任务交替进行,具有多样性。

如"I成长"《生日进行时》中,三个任务分别是写生日邀请函、制作礼品纸袋、设计生日祝福语(回忆十年成长点滴),都和主题相关联。在这一真实情境的创设下,学生以过集体生日为任务驱动,更好地完成各项任务。"法布尔"《施肥》中,学生在用废旧材料制作舀勺的过程中,发现舀不起肥料,想到肥料太厚,进行稀释。在这个过程中,舀勺的制作、稀释的程度都是学生不可回避的活动内容,当学生认真思考后,就能更积极完成任务,获得成功的体验。"慧生活"《社区百事通》中,学生徒步参观社区,认识洪庙社区公共服务设施;制作并玩社区飞行棋,内化社区规范……多样的活动任务激发了学生参与的兴趣,有效促进了学习的发生。

(3) 以学科整合为活动载体

学校建立了综合活动课程综合教研小组,在校内招募不同年级、不同学科的老师加入其中,打破年级与学科的概念;引入专家,从课程改革核心入手,对活动的可行性及序列性进行综合把脉,打造更符合学生成长发展需求的课程活动体系。在各模块教学中,教师根据大主题,为学生创设一定的主题综合活动,实现语文、数学、劳技、美术、心理、体育学科以及学校德育活动的整合,打造适用于目标达成的综合学习过程,让学生在学习中突破思维,学会结合、学会运用,提高学生的综合能力。

在这样一个多学科整合的综合性学习活动中,学生通过各种活动了解家人的艰辛,学习换位思考;动手小实验,学习正确处理失败;体育小竞赛,感受团结力量大。以学科整合为载体的活动设计,为学生提供学科交叉课程的学习,涉猎不同学科领域,拓宽学生认知范围。

（4）以生成多元为活动路径

学校从学生的体验出发,尊重学生不同认知的特点,通过活动的推进,引发学生更深入学习。

多元预设——每个模块每周次的教案活动,都是教师基于对学生的观察和了解,对学生在每个活动中的不同表现做出不同预设,允许学生存在多元的发展路径。如"法布尔"《昆虫放大镜》中,老师根据学生对昆虫认知情况的不同,让学生根据线索在蟑螂、跳蚤、苍蝇、蚊子四种嫌疑虫中开展侦探游戏。教师通过多样的预设,让每个学生都能找到自己喜欢的活动内容,丰富学生活动体验。

多元选择——在前面的学习中,学生产生深入问题研究和学习的欲望,可以自主选择后 6 次课程活动来解决。如学生在《奇妙花世界》中,对花的价值、花的花期、花的种植等方面产生了兴趣,老师就组建不同兴趣小组,带领学生继续深入探究,深化学生知识理解。

多元成果——三个模块各 40 周次的活动架构、形式、内容各不相同,每个活动的学生成果也无一相同。在每周次的活动中,每个学生至少有一个活动成果的展示,多元的成果呈现激发了学生更大的活动兴趣。以"I 成长"为例,其中就涵盖了集体舞、歌曲、小制作、整理技能、绘画等多方面成果的展示。

多元档案——学校为每个学生量身打造活动课程档案袋,记录他们整个小学阶段的活动课程参与情况。从"我的学习成就""我的课程评价""教师作品评语""我的精选作品集""我的作品墙"五个方面丰富档案内容,根据六大育人目标形成个性化的网状图,直观反映学生目标达成情况。

（5）以空间开放为活动资源

为了让空间最大程度地满足不同学生的发展需要,学校从学习资源、学习环境、学习体验等维度入手,利用校内外一切可用资源,让学生发现更多学习的可能性。

课内课外打通——在课程实施中,增加实践性活动内容,让学生从课内走向课外,从校内走向校外,在行走中实践与体验,在行走中感悟与分享。学校充分挖掘社会资源,与水务局、公交公司、抗美援朝爱国基地、消防中队、洪庙卫生院、空军部队、洪庙一居委结为共建单位。除了结对单位,学校还根据三个模块的不同主题,满足学生需求,开辟了航天博物馆、昆虫博物馆、奉贤博物馆、奉贤气象站等活动场所,实现空间上的一体化学习。

家庭学校联通——将活动延伸至家庭,实现家庭学校的连通互动。课程每周次设计家庭活动部分,采访父母、拍摄视频、录制语音、上传都需要家长来配合,这样一来,家长就成了活动的家庭导师,与老师共同见证孩子的每一次成长。

线上线下贯通——关注学生知识的获取、学习经历、学习品质等方面的发展;关注老师对学生课程开展情况的记录、反思;关注家长、同伴间的反馈,帮助学生激发学习的主观意愿与积极性。学校设计线上线下一体式学习,学生不仅能在线上学习,还能通过课程平台进行线下学习,完成课后作业,观看学习资料,评价同伴作业,让网络更便捷地架起每一个学生的学习桥梁。

(6)以能力提升为活动目的

综合活动课程的目的是要培养学生综合的意识,让学生学会综合技能和方法,发展综合能力,以适应新时代的需求。学生在活动中走进社会,增强勤劳动、会合作的意识;在活动中发现问题、分析问题、解决问题、提高探究的能力,乐于亲近自然;在活动中了解自己与他人,增强规则意识、集体的认同感。

如"慧生活"《我的中国心》中,学生通过拍摄《我和我的祖国》MV,合作排演队形,提高合作意识;制作道具,增强动手能力;用台词表达爱国,增强爱国情感。"I成长"《畅享毕业季》,学生跳集体舞,增强集体意识;制作手绳,提高劳技能力;做成长时光轴,提高信息能力。"法布尔"《植物大放送》,学生通过用筷子夹绿豆,提高眼手协调能力;通过比较叶子的大小,提高逻辑能力;通过记录小豆芽生长的日记,提高探究能力。

课程实施

为了更好地实施"小蜜蜂"综合活动课程,学校从组织安排、教师培训、资源开发、评价机制、经费保障等方面提供了坚实的保障与支持。

1. 时间落实

"小蜜蜂"综合活动安排在每周五下午的两个课时内,一学期共 36 课时,先集中限定学习 24 课时,每个模块 8 课时,随后学生自主选择自己感兴趣的问题,重组学习小组,学习 12 课时,充分给予学生实践活动的时间。

2. 教研到位

学校建立日常教研制度,每两周一次开展"综合活动课程"的主题教研,从学习《纲要》,到开展头脑风暴主题开放与活动设计,再到教案学案设计交流等,不断促进教学方式的改变。

3. 基地运作

学校多方协作,联合相关部门建立学生研学实践基地,联合信息技术公司开放线上学习平台和课程学习评价平台,联合专家团队给予学生深入研究的专业支持。例如,学生对天气预报感兴趣,学校就联合奉贤区气象局,开展实地调查活动。

"小蜜蜂"综合活动课程方案设计

 方案价值

　　活动方案,是课程从教科书落实到课堂的"纽带",也是教材从书本到教学的"转化"。可操作的活动方案,是课程理念的表达,课程设计的代言,课程实施的载体,课程效果的物化。

　　洪庙小学"小蜜蜂"综合活动课程,是学校在课程建设上的独创,有着鲜明的主题性、针对性、循序性、实践性。教师围绕这个课程所撰写的活动方案,除了有作为活动方案的共性之外,独特性是其重要的特征和特色。

　　"小蜜蜂"综合活动课程的活动方案,是学校在校本课程建设上的探索结果,也是教师进行课程设计的智慧结晶,更是学生汲取课程养料的丰富来源。

　　"小蜜蜂"综合活动课程的活动方案,其价值在于:

　　1. 将课程理念与课程行为形成全程贯通

　　设置"小蜜蜂"综合活动课程,是学校致力于在国家课程校本化实施基础上的扩展,对小学生实施"五育并举"全面发展的建树。课程要符合时代需求,也要满足立德树人的要求。从学生成长角度出发,让课程适应每一个学生的发展,是新时代先进的课程理念。

　　"小蜜蜂"综合活动课程活动方案,完成的是对课程理念转化为课程行为的实践,其意义并不止于单纯的课程配套。因为,教师在撰写的过程中,更新的是观念,提升的是自觉,取得的是进步,就是说能把先进的课程理念转化为自己的课程行为,这是重要而又必要的。

　　2. 将育人目标与课程目标建立有机关联

　　由于"小蜜蜂"综合活动课程的培养目标十分明确,指向具体,因此撰写"小蜜蜂"综合活动课程活动方案,与其说是完成备课过程,倒不如说是一次对育人目标的审视和检验。

事实证明,活动方案与育人目标主观上的无缝对接意识、客观上的去距离的对表行为、效果上的避免落差期望,正是预设性的追求。不少教师在反复构思中不断修改,就是在接近、瞄准、踏准育人目标。

3. 将课程实施与学生成长切实科学挂钩

"小蜜蜂"综合活动课程的强大生命力在于与学生成长的脉动紧紧相连,"小蜜蜂"综合活动课程活动方案的持续影响力在于学生成长的呈现层层映照。

尽管活动方案是教师的主导性设计,但出发点和落脚点都是学生。研究学生、服务学生、成就学生,就在撰写活动方案中得到认知、贯彻和增效。从一份份"小蜜蜂"综合活动课程的方案设计中,能体察到教师对学生成长的关切度。

因此,活动方案,不仅有原有规范的信度,更有关爱学生的温度。

 方案元素

作为活动方案必有其组成的元素,而且元素越齐全就越有力量。"小蜜蜂"综合活动课程的活动方案包含了以下元素:活动目标、活动时间、活动资源(材料、媒体、活动基地等)、活动提示(重难点)、活动任务、活动评价(评价与展示)、活动反思(教师)。

相对来说,就现状而言,活动方案的元素不会有多少变化,然而,如何驾驭这些元素,并在元素组合中达到一个新境界,却是难得的。

纵览"小蜜蜂"综合活动课程的活动方案,不难发现教师将元素激活,将难点化为设计的"激点",将"重点"化成教学的"沸点",进行了创造性劳动,取得了成效性结果。

1. 教学目的更突出"主题"

教学目的的明确清晰,是为了明白主题,强调主题,凸显主题。主题的重视效应,主题的演绎效应,都让教学目的更为集中、更为聚焦、更为牵动。

"小蜜蜂"综合活动课程活动方案,尤其在教学目的的清晰上更胜一筹。

2. 教学设计更关注"需求"

教学设计是预设的,但怎样预设,是有讲究的。"小蜜蜂"综合活动课程活动方案的设计,在以个体设计为主的同时,十分注重集体智慧。

每个模块每周次的活动方案,都是教师基于对学生的观察和了解,对学生在每个活动中的不同表现做出不同预设,允许学生存在多元的发展路径。如"法布尔"《昆虫放大镜》中,老师根据学生对昆虫认知情况的不同,让学生根据线索在蟑螂、跳蚤、苍蝇、蚊子四种嫌疑虫中开展侦探游戏。教师通过多样的预设,让每个学生都能找到自己喜欢的活动内容,丰富学生活动体验。

3. 教学重点更重视"亲历"

教学重点的确立可以从几个方面考虑,一是教材本身,二是学生认知,三是教学要求。

"小蜜蜂"综合活动课程活动方案的重点,无一例外指向学生的亲身体验、亲历过程和亲近自然,尤其看重"亲历"的发现价值、观察价值、领悟价值。

好奇心是知识的萌芽。孩子对世界对自然的好奇是他们学习的动力。"法布尔"实验课程基于这样的认识,让孩子发现问题,将问题作为课程的出发点。在这里想问大家一个问题,大家知道兔子吃不吃茄子? 有的孩子说吃,有的老师说不吃。孩子们和你们一样无法确定,那就需要去实证。实证后发现,兔子是吃茄子的。那么孩子知道这个结果就可以了吗? 不,那些喜欢研究小动物的孩子就会产生这样的问题:那兔子还吃什么? 兔子不吃什么? 这就产生了研究主题《兔子的食性研究》,这些研究都需要提出问题、形成假设,并通过科学方法检验求证、得出结论,这是探究能力培养的有效路径。

 方案特色

"小蜜蜂"综合活动课程活动方案,除了有作为活动方案的共同点外,还具有自己的特色。

1. 问题导向

问题的存在,为学生好奇心、探究欲的激发提供了现实的可能。

几乎所有的"小蜜蜂"综合活动课程的活动方案,都是围绕学生的"?"(问号)展开的。从自己的身体,到自然的现象,再到社会的追问,设置的主题内容,与学生遇到的问题相关,这种问题的产生,正是课程的内容,也是活动方案的对象。

2. 主题聚焦

由问题而产生的探究就是主题的来源。如学生发现"法布尔"实验室管理员范爷爷很多时候都在实验室里捞绿萍,这一举动引发了学生一探究竟的兴趣。

课程教师根据这一情况设计了"法布尔"水的净化的活动,活动渗透了水的净化实践活动以及湿地的探究活动,并引申到自然界中水资源的保护。这样的活动都聚焦水主题,引导学生用科学的思维方式认识事物,培养学生动手实践能力。

3. 学科整合

随着课程改革的深入,分科教学不能全面反映生活的真实性和趣味性,只有跨学科整合才能灵活迁移应用解决真实世界的问题,才能让学生学得更加全面、更加灵活。如"法布尔"生态实验课程充分整合学科资源,以四年级为例,基于自然学科的生物内容拓展开发了《昆虫智趣屋》和《空中有来客》两个主题的课程内容,在市、区自然教研员的指导下设计编写了活动教材、活动内容。活动任务中,美术、劳技、语文等学科有机融合,学生在科学的探究中,表达、绘画和动手能力得到了锻炼和提升。又如,在《青青小菜园》中,三年级学生会研究蔬菜的生长情况,活动小组测量同一种蔬菜不同生长阶段根的长度和植株的高度、记录数据转换成柱状图进行分析,绘成自然笔记,形成小组关于根与植株关系的调查报告,并与大家分享交流。这些活动任务是数学、美术、写作、口语交际、自然等跨学科整合设计而成的,培养的是学生的综合能力。

4. 立体体验

经历、发现、创造,体验式学习是提升学生核心素养的重要途径。学校在课程实践中提倡学生立体的全方位的体验,看一看、查一查、量一量、画一画、说一说、写一写、做一做、评一评,丰富了学生的学习经历。如在"法布尔"昆虫组开展蚱蜢生活史的研究中,学生提出"蚱蜢去哪儿啦"这个问题,通过查阅蚱蜢的生活史资料,观察蚱蜢生活的环境,画出蚱蜢的形态特征,写下观察发现,产生新的问题。这样在实践中发现,在发现中质疑就是实践创新的过程。

5. 评价多元

"小蜜蜂"综合活动课程引入信息技术,开发线上课程平台,创新评价工具,将线上线下评价相结合,实现评价的多样化。

学生活动手册——综合活动课程关注学生持续的发展,因此,评价贯穿活动的整个过程,在活动中评价,在评价中学习。"小蜜蜂"综合活动课程的评价关注学生活动的整个过程,包括活动准备、活动表现以及课外延伸。关注学生在活动过程中的态度、情感、行为等各方面的表现,重视学生在活动中的努力程度,积极参与小组合作的意愿,主动认真思考、解决问题的能力等全过程的评价。

因此,学校开发了"小蜜蜂"综合活动课程学生学习手册,教师引导学生在开展每个活动的过程中,进行自评和互评,教师也适时地对学生进行口头即时评价,下课前由教师和学生分别在手册上完成等级评价,记录每一位学生学习任务的完成情况。

线上评价平台——学校开发"小蜜蜂"综合活动课程学习平台,记录学习感悟,上传课程作业,积累评价数据。每周学生在活动结束后,回家将作业拍照上传到平台,同时进行自评和互评,对优秀作业点赞并用一句话简单评价。教师对学生上传的作业进行加"精"推荐为精品作业,同时用评语的形式做出点评。家长可以通过平台了解学生的活动作业情况,还可以通过活动手册了解学生的活动过程情况,并将手册上的评价记录结果拍照上传到平台,使线上线下评价相整合。线上评价平台将所有数据积累,形成阶段评价报告,期末形成描述性的综合评价报告。学生上传的作品,以信息技术手段存档,形成个人成长档案袋。

综合性展示活动——每学期结束时,对学生在活动中的显性和隐性获得,通过综合性展示活动进行评价。学生作品通过展板或者展台的形式进行全校展示,小课题研究以报告形式呈现研究过程和研究结果,学生还可以选择自己喜欢的方式进行展示。由学校课程管理部门针对不同的展示设计相应的评价表,明确各项指标的评价细则,邀请教师代表、学生及家长代表进行打分评价。通过这样的综合性展示活动,了解学生在活动过程中的收获,从而掌握课程开展过程中的问题,进行反思、改进。

综合活动课程的重点是培养学生的实践能力、应用能力以及探究能力,因此,在活动过程中教师需要对学生进行多元评价,关注学生的学习过程、情感态度以及方法技能,运用激励性评价机制,提升学生的综合能力。

一个学期结束以后,每一个学生都会有一份个性化的《综合活动课程学习报告》。该报告中有孩子的作品,有别人对其的评价,有每一周活动的评价,也有一个学期累计形成的评价。

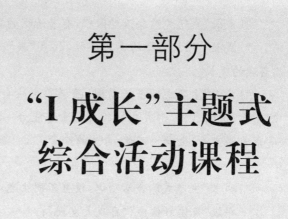

第一部分

"I 成长"主题式
综合活动课程

 **导　语**

成长,是学校认真完成国家规定的义务教育的主题,也是学生发展身心长大成人的命题。

成长,是完成立德树人的根本任务的"进行式",也是德智体美劳全面发展的"过程式"。

"I成长"主题式综合活动课程,有着清晰的界定。

"I成长":"I",大写的英文字母,代表"我";"成长",揭示指向;在这里表示"自我的成长"。

"I成长"主题式综合活动课,强调学生从自身出发,引导学生认识自我、管理自我、悦纳自我,形成良好的自我管理能力、兴趣爱好、个性特长等,让学生感受成长的宝贵、生命的可贵、自主的珍贵。

"I成长"主题式综合活动课,设置不同主题:

一年级"身体好伙伴""自我大发现";

二年级"安全训练营""领巾纪念册";

三年级"健康探寻行""十岁生日季";

四年级"情绪调节场""阳光正能量";

五年级"男生女生GO""畅享毕业季"。

"I成长"主题式综合活动课,给予学生全面的关怀:

关乎学生成长中的重点:即学生成长所需的人格塑造、思维打磨、习惯养成、相处习得,培养懂礼貌、守规矩、有爱心、善乐助、会创意的好学生。

关心学生成长中的热点:即学生成长中不可忽视的生理与心理的发展问题、个体与集体的相融问题、规范与习惯的养成问题,举一反三,聚焦正视。

关照学生成长中的节点:即考虑学生身心发展、心智成熟的阶段性特点,循序渐进地推送学习方法,有效衔接各课程内容,与成长节律相合。

"I成长"主题式综合活动课,具有鲜明深刻的特点:

针对性:针对洪庙小学所处的环境条件、生源及其家长的实际,采用校本化的措施,落实"立德树人"根本任务的具体化实施。

阶梯性:呈现由易到难、由浅入深的学习格局,体现年级特点的育人要求,显现课堂与活动相结合的课程方式,扎实基础,拓展内涵。

循序性:按照认知规律,搭准心理脉搏,运用适切手段,营造宽松氛围,一步一个脚印地让学生在"成长的营养大餐"中逐个"品尝""味道","吃"出"劲道"。

"I成长"主题式综合活动课
一年级

"I成长"主题式综合活动课:

一年级(第一学期)确立"身体好伙伴"的主题,分为第一周:口耳目显神通;第二周:小手小脚大用处;第三周:身体总动员;第四周:我可以,我真棒!

一年级(第二学期)确立"自我大发现"的主题,分为第一周:鼎鼎大名;第二周:不一样的我;第三周:超级变身秀;第四周:哇! 变成大人啦。

一年级(第一学期)

主题:身体好伙伴

【主题简释】

身体,是学生成长的基础。认识身体,就是认识自己的重要组成部分。

"身体好伙伴"主题,由"口耳目显神通""小手小脚大用处""身体总动员""我可以,我真棒!"四组活动组成,从学生最基本的身体器官开始着手,可谓认识自我"第一步"。

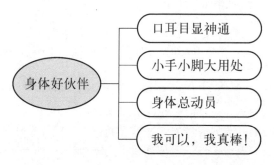

活动方案

"身体好伙伴"

第一周 　　　　　　　　口耳目显神通 　　　　　　活动设计：钱芬　裴斐

活动主题：口耳目显神通	活动对象：一年级学生	活动时长：2课时

目标：
　　1. 通过情景模拟,感受不同的声音,初步学习情绪控制,能根据图片在不同的场合使用高低不同的声音。
　　2. 通过游戏,感受眼睛的重要,学会保护和珍爱自己的眼睛。
　　3. 通过游戏,体会倾听的重要,对倾听做出反应,尊重他人。

资源：1. 眼保健操视频；2. 无接触眼保健操视频；3. 不同的声音素材。

活动任务	实　施　要　求	评价指标
模仿不同的声音	1. 情景模拟,感受声音。 (1) 聆听各种声音。 (关注：声音要多样,比如：马路上嘈杂的声音、公园里的鸟叫声、校园内朗朗的读书声。) (2) 学生交流。 说一说听到的声音,描述这个声音怎么样,你喜欢这个声音吗？为什么？ 2. 学生讨论,模拟不同场合说话。 (1) 观看图片场景。 (2) 学生根据场合来表演。 (关注：学生表演时,在不同场所用适合的音量说话。)	有主见 善学习
保护和珍爱眼睛	1. 玩"蒙眼猜猜乐"游戏。 (关注：学生戴上眼罩,用手摸箱子里的物品,猜猜是什么。) 2. 玩"找不同"游戏。 (1) 观看图片。 (2) 小组抢答。 (关注：学生用大眼睛发现两张类似图片的不同,答对的一组加一颗小蜜蜂章。) 3. 学做眼保健操。 (1) 观看眼保健操视频。 (2) 学生探究并交流眼操要领。 (3) 上台展示。	懂规则 会合作 善学习

续　表

活动任务	实　施　要　求	评价指标
用耳朵认真倾听	1. 玩"是谁在说话"游戏。 （**关注**：一位学生戴好眼罩站在教室最后,三位学生在教室不同方位轮流发出声音,请戴眼罩的学生指出声音方向。） 2. 玩"传话游戏"。 （**关注**：五位学生站成一行,按顺序两两传话,不能被第三人听到。） 3. 玩"你问我答"游戏。 （**关注**：两名学生面对面,一问一答。） 4. 交流：日常生活中,我们如何保护耳朵? 5. 揉捏耳垂,模拟用小毛巾清洁耳朵。 6. 总结：耳朵、眼睛、嘴巴有大用处,身体的每一个部位都需要我们好好保护,同时也要善于利用我们的五官,成为一名遵守规则的好儿童。	懂规则 会合作

---- 活动方案

"身体好伙伴"

第二周　　　　　　　　　　**小手小脚大用处**　　　　　活动设计：钱芬　裴斐

活动主题：小手小脚大用处	活动对象：一年级学生	活动时长：2课时

目标：
1. 能通过图画、艺术、肢体动作等形式,初步感受手指艺术美,养成良好的卫生用手习惯。
2. 能通过观察、测量、记录等游戏体验,了解自己的身体,感受自己的独一无二,学会悦纳自己。
3. 能通过游戏和情景模拟,学会遵守社会公共秩序,养成良好的生活习惯。

资源：1. PPT；2. 尺、铅画纸、铅笔（课前通知学生准备）；3. 无毒可水洗幼儿画画印泥套装。

活动任务	实　施　要　求	评价指标
探究手指的用处	1. 交流生活中的洗手习惯。 2. 观察自己的小手是否干净。 （**关注**：除了肉眼看得见的脏东西,还有看不见的细菌。） 3. 朗读儿歌,实地操练。 (1) 朗读七步洗手法儿歌。 (2) 演绎七步洗手法步骤。	有主见

活动任务	实　施　要　求	评价指标
探究手指的用处	4. 做手指操游戏。 （1）做手指模仿游戏。 （关注：播放手指操音乐,学生根据图片做手势：小兔、小象、心形、孔雀。） （2）做石头剪刀布游戏。 （关注：学生两两一组进行游戏。） 5. 欣赏画作,指掌作画。 （1）观看手指画图片。 （2）学生尝试绘画。 （关注：学生不借助笔等工具,利用手指画颜料和铅画纸,用手指蘸取颜料作画。）	善学习 勤劳动
探究脚的用处	1. 交流"踩影子"游戏规则。 （关注：两两一组,自由组队。想办法踩别人的影子,但不要让别人踩到自己的影子。踩到别人的影子得一分,被人踩到扣一分,分数高者得胜。） 2. 学生进行游戏。 3. 量脚的尺寸,探究自己的鞋码。 （1）交流：脚的尺寸怎么量? （2）交流测量方法。 （3）学生测量。 （关注：准备好一张纸、一支笔、一把尺子。光脚站立在纸上,脚丫伸展开。用笔顺着脚的边缘,把脚的形状画出来。最后用尺子把脚长量出来。） （4）记录脚长,对照尺码。 （关注：学生根据尺码指南,找到对应的鞋码。） 4. 抽卡游戏。 （关注：学生抽卡片做站、跳、踢、跑、蹦、跨等动作。）	会合作 懂规则 善学习
体验肢体协调	1. 观察场景,学生交流。 在这些场所,我们可以奔跑打闹吗? 如果奔跑打闹,可能会发生什么? （关注：场景包括学校楼梯、校园里、电动扶梯、班级里的过道等。） 2. 交流：为了在校园里文明安全地生活,我们应该怎么做? 3. 学生情景模拟。 （1）学生挑选场景,演一演：我们应该怎么走路? （关注：场景有厕所、饮水间、食堂、操场等。） （2）交流：你喜欢哪一组的表演? 为什么? 4. 玩"木头人"游戏。 （关注：听到"甩,甩,我们都是木头人,不准说话不准动",所有小朋友的手、脚都必须一起甩动。话音一落,大家都得保持话音刚落时的动作,谁都不能有任何动作。） 5. 总结：在如厕、饮水、用餐、排队时,我们都要遵守秩序。	会合作 善学习 负责任

活动方案

"身体好伙伴"

第三周　　　　　　　　　身体总动员　　　　　活动设计：钱芬　裴斐

活动主题：身体总动员	活动对象：一年级学生	活动时长：2课时

目标：
　　1. 通过肢体动作对周围事物的初步感知,感受动作的协调性。
　　2. 通过肢体动作和艺术表达自己的情绪,学会与同伴友好合作。

资源：1. 奥尔夫音乐律动《蹦踏踏蹦踏》;2. 集体舞音乐。

活动任务	实　施　要　求	评价指标
蹦蹦跳	1. 热身音乐《蹦踏踏蹦踏》。 2. 说儿歌,猜谜语。 3. 动物跳跳乐。 (关注：学生听口令完成青蛙原地跳、袋鼠往前跳、兔子往左边跳等动作。) 4. 做"动物接力赛"游戏。 (1) 自由分组。 (关注：以六人为一组进行游戏。) (2) 选取头饰。 (关注：学生自主挑选一个喜欢的小动物头饰。) (3) 交流游戏规则。 (关注：六位同学分别戴好头饰,在跑道两端分别站三位同学。接力过程中,根据自己的头饰种类,用模仿动物跳的方式前进。跳到终点开始接力,最先完成的小组获胜。) (4) 开始游戏。	善学习 懂规则 会合作
学跳集体舞	1. 学生自由律动：《快乐的早晨》。 2. 交流：你觉得谁的动作做得好。 3. 学生角色体验。 (1) 聆听音乐。 (2) 交流：你想扮演乐曲中的什么角色? 用些什么动作来表演? (3) 扮演动物,即兴表演。 4. 观看《快乐的早晨》集体舞视频。 5. 学生模仿学习。 (关注：学生跟着视频中的分解动作来模仿学习。)	有主见 负责任 善学习 会合作

--- 活动方案

"身体好伙伴"

第四周　　　　　　　　**我可以，我真棒！**　　　　　活动设计：钱芬　裴斐

活动主题：我可以，我真棒！	活动对象：一年级学生	活动时长：2 课时

目标：

　　1. 通过才艺表演、劳动才能展示自己已学会的本领，发现和感受自己的优点和长处，悦纳自己。

　　2. 通过本领大比拼，看到他人的长处和优点，喜欢自己的小伙伴。

　　3. 学习整理学习用品，初步养成整理的习惯，感悟每个人都可以通过锻炼获得更多的本领。

资源：学习用品。

活动任务	实　施　要　求	评价指标
展示自我	1. 交流观看表演的规则。 身坐正，脚放平，眼睛专心看表演。 坐端正，不说话，表演结束鼓鼓掌。 2. 自主展示本领。 3. 小结：每个人都有自己的优点和长处，学会欣赏自己的优点，让自己自信起来吧！	懂规则 有主见
挑战自我	1. 学生交流：我最喜欢谁的表演，为什么？ 2. 上台挑战。 3. 小结：面对自己的闪光点，要勇敢大胆尝试。	有主见
整理小达人	1. 自我挑战赛：从书包里拿出指定书本，比一比谁的速度快。 2. 请找得最快的同学交流自己的经验；请找得最慢的同学交流发现的问题。 3. 观看消防员出勤前后视频，交流：评价一下消防员叔叔的内务管理。 4. 学习消防员叔叔，整理自己的内务——书包。 (1) 观看当日课表图片。 (2) 小组讨论可以怎么整理。 (3) 学生将书包内所有物品放在课桌上。 (4) 组内尝试整理书包。 (5) 小组整理书包比赛。 (6) 评选"棒棒小当家"。 5. 总结：每一个人都有闪光点，每一个人的闪光点也是不同的。会艺术、会研究是闪光点，会运动、会劳动也是闪光点。相信自己，你们都可以成为最棒的自己！	勤劳动 会合作 负责任

一年级(第二学期)

主题：自我大发现

【主题简释】

自我,是学生对个体存在的意识与认知。由蒙眬到逐渐清晰,是"发现"的教育功能所为。

"自我大发现"主题,由"鼎鼎大名""不一样的我""超级变身秀""哇! 变成大人啦"四组活动组成,从学生最基本的相处及融入集体生活的要素入手,塑造真实的自我形象。

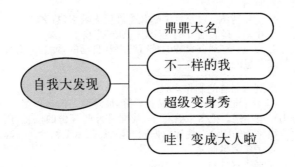

活动方案

"自我大发现"

第一周　　　　　　　　　　**鼎鼎大名**　　　　　　*活动设计:钱芬　裴斐*

活动主题:鼎鼎大名	活动对象:一年级学生	活动时长:2课时
目标: 　　1.能联系生活经验,能自信地表达对自己名字的认知。 　　2.通过统计姓氏,感受中华姓氏的文化,初步感受传统文化的魅力,培养民族自豪感。 　　3.愿意尝试自己的想法,能用图画文字来表达对自己名字的喜爱。		
资源:1.《姓氏歌》《百家姓》视频;2.创意名牌制作材料:双面胶、彩纸。		

续　表

活动任务	实　施　要　求	评价指标
介绍名字	1. 暖场音乐《一年级》。 2. 交流介绍名字要求。 （关注：学生说清楚自己的名字叫什么，是哪位家庭成员取的，有什么意义。） 3. 学生自主练习。 4. 学生上台交流。	善学习 懂规则
统计姓氏	1. 同伴互读儿歌《姓氏歌》。 2. 学生展示朗读。 3. 交流班级姓氏。 （关注：学生说出教室中同伴的姓氏，老师将姓写在黑板上。） 4. 统计班级姓氏排行榜。 （关注：学生举手，老师用写"正"字方法统计。） 5. 听《百家姓》。 6. 学生猜测：百家姓中哪几个姓氏人数多，排名前五？ 7. 小结：排名前五的是李、王、张、刘、陈。 8. 交流：看到百家姓的排行结果和自己的猜测，你有什么想问的或者想说的吗？	会合作
设计名牌	1. 观看名牌的制作步骤。 （关注：把卡纸大概分成三等份，最外面一份多预留一点，折叠出一道印迹。把卡纸合一下，找准另外两等份的位置，用力点折叠出整齐的印迹。撕掉双面胶的贴膜，把卡纸粘合在一起。） 2. 学生尝试制作。 3. 学生设计。 （关注：学生自主选择彩笔颜色和图案。） 4. 上台展示。 5. 评选"小小创意设计师"。	勤劳动 有主见

活动方案

"自我大发现"

第二周　　　　　　　　　　　　**不一样的我**　　　　　　　活动设计：钱芬　裴斐

活动主题：不一样的我	活动对象：一年级学生	活动时长：2 课时
目标： 　　1. 关注自己的身体，建立与日常生活的联系。 　　2. 探索身体的奥秘，善于思考、发现问题，初步形成探究意识。 　　3. 能用图画、文字，自信地表达对自己的认知，初步形成自我认同感。		

活动任务	实　施　要　求	评价指标
	资源：1. 自画像的漫画；2. 铅画纸。	
记录成长小档案	1. 合作测量身高、体重。 （1）前往卫生室。 （关注：安静有序排队。） （2）合作测量。 （关注：两两一组轮流测身高、体重。一人测量，一人记录下同伴的身高、体重。） （3）回到教室，填写"成长小档案"。 （关注：学生填写自己和同伴的身高、体重。） 2. 学习尺码，量体裁衣。 （1）观看尺码图片。 （关注：尺码可以用数字来表示，也可以用 XS、S、M、L 这些英文字母来表示。） （2）为自己和同伴挑选尺码。 （关注：学生根据"成长小档案"中的身高、体重，为自己和同伴分别写出合适的衣服尺码。） （3）交流结果。	善学习 会合作
探究身体奥秘	1. 合作测量双手臂长。 （关注：四人为一组，互相合作，一位学生贴墙，做侧平举动作，另一位同学准备皮尺，从左手中指端量到右手中指端。） 2. 记录数据。 3. 对比数据，交流：和刚才在卫生室测量的数据相比，有什么相同的地方。 （关注：两只手伸直张开后左右手两中指尖的距离就是身高的高度。） 4. 交流自己身体的其他小秘密。 （关注：身体小秘密有每个人指纹不同、左右脚大小不一，等等。） 5. 找找自己的身体和别人的身体不同的地方。 （关注：头发长短、眼睛大小、手掌大小、皮肤黑白。）	会合作 勤劳动
绘画自画像	1. 观察自画像特点，交流：每一幅自画像有什么明显的特点。 （关注：学生从眼睛的大小、头发的颜色和长度以及面部表情等方面入手。） 2. 设计自画像。 3. 介绍自画像，进行评选。	有主见 善学习

活动方案

"自我大发现"

第三周　　　　　　　　　　**超级变身秀**　　　　活动设计：钱芬　裴斐

活动主题：超级变身秀	活动对象：一年级学生	活动时长：2课时

目标：
1. 通过认识校服,建立与日常生活的联系,知道小学和幼儿园的不同。
2. 初步学习社交礼仪,懂得在不同的场合穿合适的衣服是一种礼貌的表现。
3. 通过游戏比赛,培养学生穿衣服的生活自理能力。
4. 愿意表达自己的想法,能够用图画、文字自信地表达自己的创意校服设计。

资源：家居服、校服、运动服、表演服。

活动任务	实　施　要　求	评价指标
认识不同校服	1. 观看校服图片(礼仪装、运动装、冬装)。 2. 连线辨别它们的名称。	善学习
辨别不同服饰	1. 观看场景图(卧室、报告厅、操场)。 2. 小组讨论,去这些地方,选择怎样的服装。 (关注：睡衣是家居服不能穿上街,只能在家里穿!) 3. 学生判断不同情境下的穿衣搭配是否合适,用"√""×"表示。 4. 学生交流。	善学习 懂规则
比赛穿衣	1. 观看视频：《穿衣服》。 2. 全班穿衣比赛。 (关注：两分钟时间,把衣服整齐塞进裤子,穿好外套,扣好纽扣。) 3. 小组评选谁最棒。 (关注：学生四人一小组,评选出穿衣速度最快、衣服穿得最整齐美观的同学。) 4. 互帮互助,找出问题。 (关注：问题可以是纽扣扣错了,衣服穿歪了,衣服塞到裤子里的时候没塞平整等。) 5. 上台 PK。 6. 评选穿衣小能手。	勤劳动 负责任 会合作
设计校服	1. 观察校服,发现特点。 (关注：校服上有校徽、拉链……) 2. 设计创意校服。 (关注：可以加上许多可爱的图案,可以给校服加上帽子等配饰。) 3. 学生上台展示。 (关注：说明自己设计的理念。) 4. 评选"最佳创意校服",颁发奖状。	有主见 负责任

--------- 活动方案

"自我大发现"

第四周　　　　　　　　哇！变成大人啦　　　　　活动设计：钱芬　裴斐

活动主题：哇！变成大人啦	活动对象：一年级学生	活动时长：2 课时

目标：
1. 通过与"未来的自己"合影，知道身体的变化是一种自然现象。
2. 展开对"未来宝宝"的想象，对自己未来的生活充满着美好的祝愿。
3. 通过角色扮演，锻炼生活技能，有关心他人的意识和行为。

资源：1. 宝宝的卡通图片；2. 三个娃娃及道具。

活动任务	实 施 要 求	评价指标
畅想未来的自己	1. 观察和爸爸妈妈的全家福照片。 2. 交流：看看父母的样子，猜一猜你长大后会长什么样。 3. 与未来的自己合影。 （关注：学生通过"变脸时光机"App 扫描拍照未来的长相。） 4. 交流异同：变成大人之后，样子发生了什么变化？ 5. 总结：每个人都会长大，我们的身体会发生许多变化，这些都是很正常的生理现象。	有主见
体验大人训练营	1. 初识小宝宝。 （1）观看视频片段：《小宝宝》。 （2）图片欣赏，畅想你未来宝宝的样子。 （3）画一画未来的宝宝。 （4）交流：画中的宝宝和自己像不像。 （5）给宝宝取名字，说说取名的理由。 2. 照顾小宝宝。 （1）交流道具。 （关注：道具可以是小饭勺、餐盘、奶瓶、围兜、衣服、小故事书等。） （2）交流如何照顾小宝宝。 （关注：可以是喂奶、换尿布、哄宝宝等。） （3）自选任务，角色扮演练习。 （关注：四人为一组，自己选择爸爸、妈妈、爷爷、奶奶角色，进行角色扮演。角色扮演中说清身份，以及正在做什么。） （4）小组上台展示，评选"表演小明星"。 （关注：每个小组轮流上台展示。看看哪个小朋友最有耐心，角色扮演得最像。） 3. 总结：要照顾好宝宝不是一件容易的事，每个人要感恩关心身边的家人。	有主见 会合作 负责任 勤劳动

"I 成长"主题式综合活动课
二年级

"I 成长"主题式综合活动课：

二年级(第一学期)确立"安全训练营"的主题,分为第一周：生活小能人；第二周：交通小标兵；第三周：应急小达人；第四周：消防小卫士。

二年级(第二学期)确立"领巾纪念册"的主题,分为第一周：我爱红领巾；第二周：我的成长宣言；第三周：六比六赛展风采；第四周：我为领巾添光彩。

二年级(第一学期)

主题：安全训练营

【主题简释】

安全,是学生平安健康成长的重要保障,是学校落实安全理念、确保学生安全的重要任务,对于二年级小学生,有效开展安全教育极其重要。

"安全训练营"主题,由"生活小能人""交通小标兵""应急小达人""消防小卫士"四组活动组成,是引导、教育学生感知最基本、最重要的安全环节,是让学生正确识别、防范安全隐患的人生第一课。

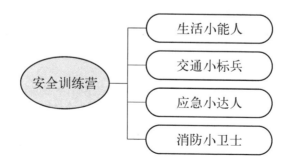

"安全训练营"

第一周 　　　　　　　　**生活小能人** 　　　　　　活动设计：范佳

活动主题：生活小能人	活动对象：二年级学生	活动时长：2课时

目标：
　1. 通过观察、讨论等方式,自主探究与牙齿有关的知识,养成良好生活习惯。
　2. 通过情景模拟,学习应急处理,学会自我保护。
　3. 通过实践体验,用语言、动作等方式表达自己应对危险、自我保护、帮助他人的能力。

资源：1. 牙齿模具、牙刷;2. 红十字急救培训包。

活动任务	实　施　要　求	评价指标
探讨护齿方法	1. 给牙齿宝宝看病。 (1) 观看蛀牙图。 (2) 讨论：图片上的牙齿有什么问题? 为什么会有这样的问题? (3) 交流护齿小妙招。 (4) 辨别行为的好坏。 (关注：学生选择保护牙齿的行为和伤害牙齿的行为。) 2. 观看视频,模拟正确的刷牙方法。 (1) 交流：视频中的正确刷牙方法。 (2) 体验刷牙。 (3) 评选刷牙最规范的同学。 3. 讨论换牙处理方法： 如果在学校里,发现换牙的牙齿掉了怎么办?	有主见 善学习 负责任
连一连急救方法	1. 模拟情景： (1) 手指烫红怎么办? (2) 流鼻血该怎么办? (3) 吃东西噎着怎么办? (关注：一人上台根据不同情景演绎自救方法。) 2. 交流：小朋友演绎的自救方法正确吗? 3. 连一连。 (关注：学生把遇到的情景和对应的急救方法用线连起来。) 4. 分享急救金点子。	有主见 善学习
包扎大 PK	1. 观看视频,说说视频中的包扎方法和包扎需要的物品有哪些。 (关注：包扎物品包括橡皮膏、绷带、三角巾等。)	

续　表

活动任务	实　施　要　求	评价指标
包扎大 PK	2. 交流不同受伤部位的不同包扎方法。 （关注：从视频入手，可以是八字包扎法、缠绕包扎法等。） 3. 连一连。 （关注：学生把受伤部位和对应的包扎方法用线连起来。） 4. 抽取卡片，合作演练。 （关注：学生一人包扎，一人模拟受伤。） 5. 比赛展示，评选包扎手法最正确、配合最默契的小组。	懂规则 勤劳动 会合作 负责任

活动方案

"安全训练营"

第二周　　　　　　　　　　**交通小标兵**　　　　　　　　活动设计：范佳

活动主题：交通小标兵	活动对象：二年级学生	活动时长：2 课时

目标：
1. 参观安全体验馆，善于思考，探索与日常生活相关的现象和规律。
2. 通过实地演练，理解并遵守交通规则，能用感官做出正确判断。
3. 通过图画、文字、艺术等形式，尝试设计安全宣传扇子，并大胆表达自己的设计理念。

资源：1. 小红帽；2. 扇子。

活动任务	实　施　要　求	评价指标
参观安全体验馆	1. 规则抢答赛。 (1) 观看安全体验馆内宣传窗。 (2) 四人为一小组，找到交通安全板块。 (3) 学生交流。 (4) 小组合作，学习交规并抢答。 （关注：小组商量选派一名代表参与抢答。） 2. 使用米奇答题系统。 (1) 小组合作答题。 (2) 评选答题分值最高的小组。	会合作 有主见
实地演练过马路	1. 观看图片，判断过马路行为对错。 2. 讨论交流：过马路时，我们应该注意什么？ 3. 展示小红帽。 (1) 观看照片，回忆小红帽。	有主见

续　表

活动任务	实　施　要　求	评价指标
实地演练过马路	(2) 前后座讨论：小红帽有哪些作用？ (3) 学生交流。 4. 校门口实践，探究正确过马路的方法。 (1) 排队出校，观察校门口，找到斑马线。 (2) 学生尝试过马路。 (3) 学生判断过马路方法是否正确。 (4) 操练过马路。 5. 梳理过马路小贴士，选择对错。 (关注：学生根据绿灯、红灯的不同情况，完成选择。)	善学习 懂规则 负责任
设计交通安全扇	1. 交流：如何向大家宣传交通安全？ 2. 观看交通安全扇照片。 3. 交流：交通安全宣传设计稿的组成部分有哪些？ (关注：学生从图画、艺术字、宣传标语方面入手。) 4. 同桌合作，在扇面上完成交通安全的宣传设计。 5. 交流展示：说说你们是怎么设计的？为什么这么设计？ 6. 投票评价，选出最优秀的作品。	有主见 会合作 负责任

--- 活动方案 ---

"安全训练营"

第三周　　　　　　　　应急小达人　　　　　　　活动设计：范佳

活动主题：应急小达人	活动对象：二年级学生	活动时长：2课时

目标：
1. 通过情景模拟，应对日常生活中可能出现的意外情况，学会解决问题。
2. 通过实践体验，学习急救报警，珍爱生命。
3. 通过实地参观、访问，体验警察工作，学会遵守社会公共秩序。

资源：学习任务单。

活动任务	实　施　要　求	评价指标
探讨应对意外情况方法	1. 情景模拟：溺水、着火、晕倒或受伤。 (1) 观看情景图片。 (2) 讨论：发生溺水事件时，你该怎么做？ (3) 学生交流，辨析更合适的做法并说明原因。 2. 给应对溺水、火灾、他人受伤等意外情况的做法排序。	有主见 负责任

续　表

活动任务	实　施　要　求	评价指标
模拟拨打急救电话	1. 收看新闻。 2. 小组交流：他人遇险时，小学生应不应该自己施救？ 3. 观看视频，学习正确拨打急救电话。 （关注：视频中包含 110、120、119 的报警。） 4. 同桌合作练习拨打急救电话。 （关注：同桌一人扮演警察，一人扮演报警人。） 5. 交流讨论：向他人求助时，除了拨打急救电话，还有哪些求救方法？	善学习 会合作
参观警察局	1. 前往警察局。 2. 聆听警察叔叔微课堂。 3. 完成微报告： （1）警察局一周大约接到多少报警电话？ （2）哪种情况的报警电话最多？ （3）他们是怎么处理的？	懂规则 勤劳动

--------- 活动方案

"安全训练营"

第四周　　　　　　　　　　消防小卫士　　　　　　　活动设计：范佳

活动主题：消防小卫士	活动对象：二年级学生	活动时长：2课时

目标：
1. 通过实地参观，了解消防员的工作，感受火灾的危险，珍爱生命。
2. 通过实践演练，探究逃生的路线，掌握逃生的方法。

资源：1. 道具卡、消防标志；2. 学习任务单。

活动任务	实　施　要　求	评价指标
参观消防队	1. 参观消防队，听消防员叔叔介绍消防队。 2. 观摩消防员叔叔救火。 3. 画一画印象深刻的消防车，写一写消防车上消防工具的作用。	有主见 善学习
玩消防飞行棋	1. 教师交流游戏规则。 （关注：四人分一小组，每组派组长掷骰子及放点。当走到飞行棋上问答环节、道具体验时，派组员抽卡，答对前进一格，答错后退一格。）	懂规则

活动任务	实 施 要 求	评价指标
玩消防飞行棋	2.问答环节——认识消防标志。 （关注：每次请一名组员答题,这一环节抽取的题目可换题一次或同组援助。） （1）认识各类消防安全标志。 ① 观察标志图案。 ② 学生交流名称。 （2）了解各类消防安全标志的含义。 ① 交流讨论：这个标志的图形表示什么？ ② 移动图标,给标志分类。 （关注：学生按消防设备、紧急疏散、危险警示进行分类。） 3.道具体验——使用消防安全答题系统。 ［关注：抽到的小组,派一名代表完成答题,每次答三题（可发挥全组力量）,也可以寻求外组帮助,答对外组前进一格。］ （1）小组合作答题。 （2）评选答题分值最高的小组。 4.道具体验——消防安全逃生演练。 （关注：抽到的小组,请五名组员进行体验,如果逃生动作不到位,会发出提示警报。） （1）逃生演练。 （关注：学生使用湿毛巾或手帕进行演练。） （2）判断逃生行为是否正确,交流逃生要求。 （关注：学生从弯腰程度、湿毛巾使用、扶墙等标准进行交流。） 5.道具体验——使用模拟报警系统。 （关注：抽到的小组,请一名组员进行体验。） （1）个人使用模拟报警系统。 （2）评选正确、规范使用模拟报警系统的学生。 （3）模拟情景,讨论火场逃生的"三不"原则。 （关注："三不"原则包含"不"乘坐电梯、"不"轻易跳楼、"不"贪恋财物。） 6.获胜小组获得最佳"消防小达人"称号。 7.念儿歌。	会合作 负责任 勤劳动

二年级(第二学期)

主题：领巾纪念册

【主题简释】

红领巾,是学生成长的"向导",是学生学习的"伙伴",是学生精神向往的象征。红领巾教育及其活动,是引领学生逐步走向成熟的开始。

"领巾纪念册"主题,由"我爱红领巾""我的成长宣言""六比六赛展风采""我为领巾添光彩"四组活动组成,设计并开展与红领巾教育意义相关的活动。

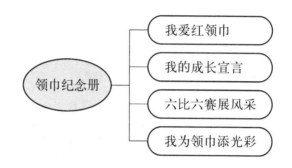

活动方案

"领巾纪念册"

第一周　　　　　　　　　　**我爱红领巾**　　　　　　　活动设计：徐梦婷

活动主题：我爱红领巾	活动对象：二年级学生	活动时长：2课时

目标：
1. 认识队旗,能用图画和文字的形式,表达自己对队旗的认知。
2. 通过故事、实际操练等,学会戴红领巾,了解祖国革命历史,养成民族自信心和自豪感。
3. 通过清洁红领巾,表达对红领巾的热爱,初步养成对少先队的认同。

资源：1. 大队旗、中队旗;2. 小队旗制作材料;3. 佩戴红领巾的视频。

活动任务	实　施　要　求	评价指标
巧手做队旗	1. 观察大队旗、中队旗、小队旗图片。 2. 交流：大队旗、中队旗和小队旗有什么不同？ (关注：大队旗为长方形,中队旗一端减去一个等腰三角形,小队旗为三角形。) 3. 制作队旗。 (关注：五人为一小组,材料可以是竹棒、彩纸、画笔等,学生用环一环、剪一剪、贴一贴的方法进行制作。)	会合作

活动任务	实 施 要 求	评价指标
学戴红领巾	1. 讨论：少先队队员每天要做的事情是什么？ 2. 观察图片，交流： 你看到的红领巾是什么样子的？ 3. 教师交流红领巾小故事，学生交流感受。 4. 学戴红领巾。 (1) 观看系红领巾的视频，尝试佩戴红领巾。 (2) 朗诵儿歌，学会戴红领巾。 ① 披在肩上边。 ② 左肩压右肩。 ③ 右肩绕一圈。 ④ 圈里抽出尖。 5. 观看"六比六赛"视频中戴红领巾的步骤。 6. 学习准备工作：折叠红领巾放入口袋。 (关注：将红领巾平铺后展成平面，折叠，露出一角，塞进口袋。) 7. 学习佩戴口令。 一——衣领立起来； 二——抽出裤子口袋中的红领巾； 三——展开，折红领巾，双手捧着红领巾； 四——把红领巾放在衣领下； 五——系红领巾； 六——压衣领并整理。 (关注：每喊一个口令，学生就做相应的动作。) 8. 自行练习。	善学习
领巾守护者	1. 学生交流：怎么做才能为红领巾增光添彩呢？ 2. 观看小品《谁对谁不对》： 小红把红领巾摘下挂在椅背上才去睡觉；小明则把红领巾一扔了之。课间，小明玩球玩得满头大汗，扯下红领巾来擦汗。 3. 学生交流： 看了这个小品，你们觉得谁对、谁错？为什么？我们应该怎么做？ 4. 总结方法： 要保持红领巾的清洁，经常清洗；要保持红领巾的平整，取下后折叠好；放学后要把红领巾保存好，不能随手乱放。 5. 朗读诗歌。	懂规则 负责任

活动方案

"领巾纪念册"

| 第二周 | 我的成长宣言 | 活动设计：徐梦婷 |

活动主题：我的成长宣言	活动对象：二年级学生	活动时长：2课时

目标：
1. 学习少先队队歌,通过歌曲了解少先队员的职责,初步形成责任意识。
2. 联系学校吉祥物"小蜜蜂"品质,感悟少先队员应该具备的品质,初步形成少先队员的使命感。
3. 通过实际操练,学会呼号,感受少先队员的光荣和使命。

资源：队歌视频。

活动任务	实 施 要 求	评价指标
争当小先锋	1. 观看视频《红领巾故事》。 2. 学生交流：视频中的小"红领巾"们做了哪些有意义的事？ 3. 聆听少年先锋队队歌《我们是共产主义接班人》。 4. 交流：少年先锋应该拥有什么样的品质？我们接班可以做什么事？ 5. 写一写先锋品质的内容、生活中的先锋故事。 6. 朗读队歌歌词。 7. 学唱队歌。	善学习
探究蜜蜂品质	1. 学生交流：你觉得要成为接班人,要有哪些品质？ 2. 朗读资料卡片。 （关注：学生结合学校的"小蜜蜂精神",说说对六大育人目标的理解。） 3. 给小蜜蜂画配饰。 （关注：学生画的配饰要有理由,比如：戴博士帽的小蜜蜂是有主见；捧着书的小蜜蜂是善学习；拿着天平秤的小蜜蜂是懂规则；拿着扫把的小蜜蜂是勤劳动；身穿警服的小蜜蜂是负责任；拉着别人的手的小蜜蜂是会合作。） 4. 交流：小小的蜜蜂是如此,联系我们生活,我们小学生要怎样做呢？	有主见 善学习
为祖国呼号	1. 交流少先队作风内涵：少先队作风是什么？你们平时做哪些事情是符合少先队作风的？ 2. 观看图片,学会呼号。 （关注：呼号时右手握拳,举起,对准太阳穴。辅导员老师举起手,学生就立刻举起手。辅导员说："为共产主义事业而奋斗！"学生说："时刻准备着！"）	负责任 懂规则 会合作

> 活动方案

"领巾纪念册"

第三周　　　　　　　　**六比六赛展风采**　　　　活动设计：徐梦婷

活动主题：六比六赛展风采	活动对象：二年级学生	活动时长：2课时

目标：
　　1.通过学习敬队礼,感受作为一名光荣的少先队员的神圣使命。
　　2.通过六比六赛活动,熟练掌握并遵守队风队纪,初步形成对少先队的认同感和归属感,有加入少先队的强烈愿望。

资源：1.红领巾;2.六比六赛的视频。

活动任务	实　施　要　求	评价指标
修炼技能	1.歌曲热身《中国少年先锋队队歌》。 2.学习敬队礼。 (1)观看敬队礼视频。 (2)学习敬队礼。 (关注： ① 立正,身体挺立,两眼平视前方,双手五指并拢,紧贴身体两侧。 ② 行礼时,右手手臂由自然下垂状,经上衣中缝平面向上,手臂自然弯曲,到达标准位置后终止,成为规范的队礼姿势。 ③ 右手五指并拢斜后向上,大拇指不可与四指分开,手掌在头顶上方一拳的距离。) (3)学生自主练习。 (4)学习口令。 (关注：学生说到"人民的利益高于一切"的"切"时,快速敬队礼。说话的时候声音响亮,整齐。) 3.学习小跑步。 (1)观看视频。 (2)学习要领。 (关注：小跑步前：双手握拳,快速拿起,贴紧身体,大臂和小臂成90度。小跑步时：双脚小跑步向前,双臂有力摆动。停下来时,心里默喊一、二,喊一的时候,左脚向前一小步,喊二的时候右脚快速靠拢左脚,与此同时,双手快速下垂,贴紧裤缝。) (3)学生自主练习。 4.学习方位转动。 (1)观看视频。 (2)学习要领。	善学习 会合作

活动任务	实　施　要　求	评价指标
修炼技能	（关注：听到口令后，大声喊一、二，喊一时，朝哪里转，那只脚脚跟和另一只脚掌前部同时用力，使身体协调一致转动；喊二时，脚掌着地的脚快速向另一只脚靠拢，转动和靠脚时，两腿挺直，上体保持立正姿势。） （3）学生自主练习。	
实地操练赛	1. 观看六比六赛完整视频。 2. 前往操场，每队六人，每队推选一名小队长。 3. 轮流进行练习、比赛。 （关注：队长喊口令，队员完成动作。 第一项比赛：比戴红领巾，赛端正。 第二项比赛：比敬队礼，赛正确。 第三项比赛：比报告，赛规范。 第四项比赛：比唱队歌，赛响亮。 第五项比赛：比队的呼号，赛坚定。 第六项比赛：比队的步伐，赛整齐。） 4. 评选优秀学生。	会合作 懂规则 负责任

> 活动方案

"领巾纪念册"

第四周　　　　　　　　我为领巾添光彩　　　　　活动设计：徐梦婷

活动主题：我为领巾添光彩	活动对象：二年级学生	活动时长：2 课时
目标： 　1. 通过志愿服务前准备活动，建立劳动与社会的联系。 　2. 通过参加"清洁家园""敬老服务""禁烟宣传"的志愿服务活动，学会关注周围的人和事，关心他人，形成为他人、社会服务的意识。		
资源：1. 夹子、垃圾袋、扫帚、簸箕；2. A4 纸、彩笔；3.《感恩的心》视频。		

活动任务	实　施　要　求	评价指标
准备活动	1. 交流外出安全规则。 2. 交流：社区志愿者需要做到什么呢？ （关注：学生可从沟通能力、着装、容貌等入手。）	善学习

续　表

活动任务	实　施　要　求	评价指标
清洁家园活动	1. 观看图片(清洁工具)。 2. 分组制作垃圾箱。 (关注:不同类别垃圾箱的颜色不同,字体醒目。) 3. 外出志愿服务。 (1) 前往菜场,分成四小组结伴捡垃圾。 (2) 捡垃圾后进行识别,投放到合适的垃圾箱内。 (3) 收拾好工具、垃圾箱,排队返校。 (4) 认真仔细洗手。 4. 小结: 人类只有一个地球,保护环境,就是保护我们自己。	懂规则 会合作 勤劳动 负责任
敬老服务活动	1. 交流:去敬老院看望爷爷奶奶们,需要准备什么? 2. 排练歌曲《感恩的心》。 3. 外出志愿服务。 (1) 表演集体活动。 (2) 分三组进行活动:有特殊才艺的小组给老人们进行表演;一组陪老人们说说话,聊聊家常;一组帮老人打扫卫生,晾晒衣物、被子。 (3) 活动结束后与老人合影,并把老人送回各自的房间。 (4) 全体成员集合返回学校。 4. 小结: 尊老爱幼是中华民族的传统美德,行动不便、需要关爱的老人家住在养老院里,志愿者们的探望和帮助能带给他们温暖。	会合作 勤劳动 负责任
禁烟宣传活动	1. 交流:去居委宣传禁烟,需要做什么? 2. 观看禁烟宣传图片。 3. 交流禁烟宣传标语。 4. 制作小报。 5. 模拟介绍。 6. 外出志愿服务。 (1) 前往街道,两两结伴分发小报。 (2) 向居民宣传禁烟知识和禁烟标语。 (3) 和居民合照,排队返校。 7. 小结: 吸烟有害健康,宣传禁烟,让社会无烟!	勤劳动 负责任 会合作

"I成长"主题式综合活动课
三年级

"I成长"主题式综合活动课:

三年级(第一学期)确立"健康探寻行"的主题,分为第一周:生命奥秘多;第二周：健康作息表;第三周：健康小吃货;第四周：活力试炼营。

三年级(第二学期)确立"十岁生日季"的主题,分为第一周：生日进行时;第二周：暖心生日宴;第三周：整理全能星;第四周：向榜样看齐。

三年级(第一学期)

主题：健康探寻行

【主题简释】

健康,是学生成长的重要前提。健康理念,是学校教育的重要方面。正确认知并践行健康,是学生身体力行的习惯。

"健康探寻行"主题,由"生命奥秘多""健康作息表""健康小吃货""活力试炼营"四组活动组成,从最常见的生活习惯着手,树立学生良好的健康观念。

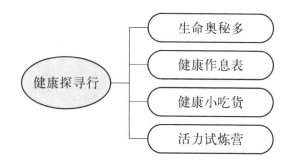

活动方案

"健康探寻行"

第一周   **生命奥秘多**   活动设计：朱莉

活动主题：生命奥秘多	活动对象：三年级学生	活动时长：2课时
目标： 　　1.通过观看生命孕育视频、人体构造图示,了解身体构造,感悟生命的可贵,珍爱生命。 　　2.通过美化蛋、制作护蛋器,自己护蛋一周等活动,表达对生命的珍爱。		
资源：1.生命孕育视频;2.人体结构立体模型;3.保鲜膜、布、针线、水彩笔。		

活动任务	实 施 要 求	评价指标
初步了解生命孕育	观看生命孕育视频。 (1) 讨论：生命是从哪里来的？在妈妈肚子里要待多久？ (2) 交流：看了视频，从中你了解了什么？感受到了什么？	善学习
了解人体构造	1. 学生交流： 你们知道我们人体的构造吗？人体中有哪些器官？ 2. 出示人体结构模型，师生交流介绍。 3. 学生拼图，知道不同器官的位置。 (1) 小组讨论。 (2) 小组派代表上台讲解。	有主见 善学习
开展护蛋行动	1. 给蛋宝宝起名字。 2. 给蛋宝宝穿花衣。 (1) 学生交流。 (2) 学生美化蛋(绘画)。 (3) 展示分享。 3. 制作并美化护蛋器。 (1) 交流制作护蛋器所需材料。 (关注：材料可以有保鲜膜、纸盒、布袋等。) (2) 出示制作要求。 (3) 学生制作并分享。 4. 学生开展一周护蛋行动。	有主见 勤劳动 懂规则 会合作 负责任

活动方案

"健康探寻行"

第二周　　　　　　　　　　**健康作息表**　　　　　　　活动设计：朱莉

活动主题：健康作息表	活动对象：三年级学生	活动时长：2课时
目标： 　1. 通过观看视频，了解器官工作的最佳时间，体会健康作息的重要性。 　2. 通过制订作息计划，养成良好的生活习惯，珍爱生命。 　3. 学会制作及美化作息时间表，通过图画、文字、表格等形式，自信地表达对作息时间的理解和应用。		
资源：1. 各种各样作息时间表图片；2. 人体器官最佳工作时间视频；3. 铅画纸、水彩笔、剪刀、彩纸等。		

续　表

活动任务	实　施　要　求	评价指标
了解人体器官工作的最佳时间	1. 观看视频《人体器官工作的最佳时间》。 2. 学生交流：什么时间是什么器官工作的最佳时间？ （关注：了解身体器官的最佳工作时间，如胃是早上7点到9点；胆是晚上11点到凌晨1点；肝是凌晨1点到凌晨3点等。）	善学习
制订作息计划	1. 交流学校作息时间表。 看了这个作息时间表，你了解到了什么？ 2. 仿照学校作息时间表，制订在线学习作息表。 （关注：教师随机拍摄照片，西沃投屏。） 3. 学生交流：看看这几位同学的作息表，你们觉得哪些地方设计很合理？ （关注：学生设计时有眼保健操、运动、家务劳动的时间等，做到健康作息、劳逸结合。） 4. 制订双休日的作息计划。 时间点：_____；做什么：_____。 （关注：双休日作息计划和上学时的区别，比如起床、睡觉时间，做作业、劳动的时间段。）	善学习 有主见
制作及美化作息时间表，分享设计思路	1. 制作及美化周末作息时间表。 （1）欣赏各种作息时间表。 （关注：作息时间表的呈现方式有线段图、表格、思维导图、饼状图等。） （2）学生制作作息时间表。 （3）学生美化作息时间表。 （关注：学生在自己的作息时间表上美化，涂上颜色、画上图画、剪出不同形状等，使其看起来更美观。） 2. 介绍自己的作息时间表及设计思路。 （1）组内分享。 （关注：四人为一小组分享自己的作息时间表，并说说这样设计的理由。要考虑到早睡早起，合理安排运动、劳动、学习、饮食时间，美化好看的作品等。） （2）班内分享。 （关注：每一组设计最好的同学上台交流。） 3. 最优设计评选（最合理的作息时间表）。	善学习 勤劳动 负责任

> 活动方案

"健康探寻行"

第三周   健康小吃货   活动设计：朱莉

活动主题：健康小吃货	活动对象：三年级学生	活动时长：2课时

目标：
  1. 通过游戏，自信地表达自己的需求，了解食物的营养价值。
  2. 通过情景模拟，发展自理能力，表达自己对饮食的需求和认知。
  3. 通过视频、舞蹈等形式，表达对饮食的正确理解，养成良好的饮食习惯，珍爱生命。

资源：1. PPT；2. 叮咚买菜信封和校币；3. 视频。

活动任务	实 施 要 求	评价指标
饮食大调查	1. 学生交流： 平时生活中，你们喜欢吃什么？ 2. 猜食物谜语。 （<u>关注</u>：分四个小组比赛猜谜语，共15个谜语，老师在黑板上写上组号，获胜的小组可以点击 PPT 上的食物来玩翻牌游戏。） 3. 游戏 PK： 不同食物的营养成分不同，请找出富有营养的食物。 （<u>关注</u>：PPT 点击超链接，有 20 种食物，找对了加一分，找错了扣一分；累计得分最高小组获得"饮食小达人"称号。） 4. 统计积分，给"饮食小达人"颁奖。 5. 学生交流：不能多吃的食物。	善学习 会合作
模拟叮咚买菜	1. 情景演绎。 学生交流：如果让你来买菜，你会思考哪些问题呢？ （<u>关注</u>：可以从价格、营养搭配、口味喜好、季节性等考虑。） 2. 了解叮咚买菜。 3. 情景模拟叮咚买菜。 （1）出示要求： 假如今天你当家，你要在叮咚上买菜供一家三口食用，需要买两菜一汤一水果（只能买四样食物）。小组讨论后，完成一份买菜清单吧！ （<u>关注</u>：每个组一个信封，信封上写：叮咚买菜；信封里的纸条上写明菜名、价钱，还要放入 100 元校币。）	

活动任务	实　施　要　求	评价指标
模拟叮咚买菜	（2）出示菜价格。 （3）小组讨论购买。 （4）小组交流,说明原因。 （关注：选购合适的菜品,探究食物搭配的奥秘,如有些食物不可一同食用、注意荤素搭配等。） （5）小结：在买菜的时候除了要荤素搭配外,有些食物是不能一起吃的,否则会对身体有害。比如豆腐和菠菜、螃蟹和柿子、羊肉和西瓜、香蕉和芋艿等。 4. 学生交流：什么东西不能吃? （关注：变质的食物、野生动物、不明来历的食物。） 5. 观看视频,探究良好的饮食习惯。 了解专家的说法,鉴别下面饮食习惯是否健康,觉得健康的打"√";觉得不健康的打"×"。 （1）为了赶时间不吃早饭。 （2）搭配着吃多个品种的食物。 （3）睡觉之前吃很多东西。 （4）按时吃饭。 （5）一次性吃到撑。 （6）只吃肉类,不吃蔬菜。	有主见 会合作 负责任
了解最佳食谱	1. 学习最佳食谱。 （1）学生交流：一天中,怎么吃才最健康? （2）观看张文宏《上海的四大金刚VS牛奶鸡蛋》的视频并交流：为什么早上要吃好? （3）学生交流：中午和晚上要怎么吃? （关注：早、中、晚的饮食差异,中午要吃饱,要注意荤素搭配、不挑食;晚上要以蔬菜、鱼虾为主,到了8点后不要再进食,因为晚上进食过多,会导致肥胖,诱发脂肪肝、高血脂等疾病。） 2. 光盘大行动。 学校的午餐是根据小朋友成长的营养需求进行荤素搭配的,我们一定要做光盘小达人,不仅要做到不挑食,还要爱惜粮食,不浪费。 3. 学习歌舞《燃烧我的卡路里》。 （1）交流：我们还可以怎么做,让我们在吃得健康的同时无后顾之忧? （2）观看舞蹈视频。 （3）学生跟跳。	善学习 善学习

活动方案

"健康探寻行"

| 第四周 | 活力试炼营 | 活动设计：朱莉 |

活动主题：活力试炼营	活动对象：三年级学生	活动时长：2课时

目标：
1. 通过观看视频《运动八大好处》，了解运动的益处。
2. 通过举哑铃、打乒乓球等运动体验，了解自己的运动需求，发展运动的兴趣。
3. 通过艺术、舞蹈的形式，积极参与有益身心健康的运动，养成良好的运动习惯。

资源：1. PPT；2. 哑铃、全套打乒乓器材；3. 运动、舞蹈视频。

活动任务	实 施 要 求	评价指标
了解运动的好处	1. 看视频，学生交流感受。 （关注：这一环节，引导学生了解过度肥胖引发的不良后果，如生活不便、疾病缠身、失去自信等。） 2. 了解运动的好处。 （1）出示视频：《运动的八大好处》。 （2）你们知道运动的好处是什么吗？不运动会出现什么问题？请至少各写出两项。	善学习
运动体验	1. 观看器械使用的视频。 （1）举哑铃。 （2）打不倒的乒乓球。 （3）体验足球训练器。 （4）体验模拟划船。 2. 了解运动规则。 （1）学生交流。 （2）总结规则。 ① 注意练习时候的间距，哑铃轻拿轻放，不要扔给伙伴。 ② 挥乒乓球拍时注意和同伴间的距离，不要打到人。 ③ 别人在体验足球训练器时，注意不要到里面穿行。 3. 实地体验（带领学生前往体育馆）。 （1）安全教育。 （2）热身运动。 （关注：跟随教师口令，进行徒手操练习；绕着室内篮球场，慢跑一圈。） （3）运动体验。 （关注：四人为一组，小组长整队，轮流体验，待小组成员都完成后，体验下一项运动。） 4. 学生交流：说出自己喜欢的运动方式，并说说理由。	懂规则 会合作

活动任务	实　施　要　求	评价指标
一起来运动	1. 出示《乘风破浪的姐姐》舞蹈。 （关注：视频投屏播放。） 2. 出示分解动作练习。 3. 师生共跳集体舞蹈。	善学习

三年级(第二学期)

主题: 十岁生日季

【主题简释】

十岁生日,是学生成长中的重要节点。生日,既是周年诞辰轮回,更是成长成熟阶梯。围绕生日开展活动,是直抵学生心灵深处的一次"直播带货"。

"十岁生日季"主题,由"生日进行时""暖心生日宴""整理全能星""向榜样看齐"四组活动组成,旨在打出一套由生日感悟触发的成长情结的"组合拳"。

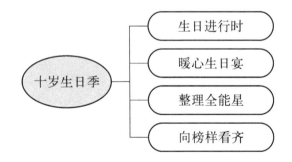

活动方案

"十岁生日季"

第一周　　　　　　　　　　　生日进行时　　　　　　　　活动设计：谢萍

活动主题：生日进行时	活动对象：三年级学生	活动时长：2课时
目标： 　　1.学会写邀请函,学会与同学友好相处,乐于表达自己的想法。		

续 表

2. 学会写祝福语,能用文字自信地表达自己对他人的祝愿,乐于与同学沟通交往。

3. 积极参与礼品袋制作活动,初步养成环保意识,建立劳动与美的联系。

资源:1. 礼品袋制作视频;2. 礼品袋包装纸制作材料。

活动任务	实 施 要 求	评价指标
分享童年故事	1. 歌曲热身: 播放《生日快乐》。 2. 分享照片背后的故事。 (1) 观察照片,猜猜照片上是谁。 (2) 回忆童年,讲讲照片背后的故事。 3. 分发贴纸,评选最生动的故事。 4. 小结:你们的童年都非常快乐,也很有趣,都是一辈子值得珍藏的记忆。	有主见 善学习
回顾十年成长	回顾过去十年,自豪地说出你的成长之处吧!(可以从性格、能力等角度出发说出自己的进步。)	有主见
制作生日邀请函	1. 观看图片,讨论邀请函制作要点。 (1) 欣赏邀请函(简洁款、详细款都可以出示)。 (2) 认识邀请函书写四要素:对象、时间、地点、署名。 (3) 认识邀请函样式。 (关注:邀请函可以是单张的,也可以是折叠的,署名可以署在正面,也可以署在反面,但一定不能忘记。邀请函上还要配上好看的图画或装饰。) 2. 制作邀请函。 3. 交流介绍。 4. 互相欣赏,评选"最佳设计师"。 (关注:根据邀请函的制作要素及美观程度,举手进行投票。) 5. 邀请伙伴,赠送邀请函。 (关注:赠送对象不同,这一环节可在课内或课外完成。)	善学习 懂规则
制作礼品袋	1. 观看视频,讨论礼品袋大小。 (1) 观看礼品袋制作视频。 (2) 确定礼品袋大小。 (关注:这个距离就是礼品袋的宽度,每个小朋友准备的礼物不同,制作礼品袋时的宽度也不同。制作的时候,根据礼物的真实尺寸,设计礼品袋宽度。) 2. 教师示范,学习礼品袋制作步骤。 第一步:准备一张纸,反过来,上面和右边折小边。 第二步:在右边折上来的边上涂上胶水。 第三步:将纸的左右对折。 第四步:然后,在下面的一端,折一下,不要太窄也不要太宽,根据礼品大小控制。	

续 表

活动任务	实 施 要 求	评价指标
制作礼品袋	第五步:把两边折痕往里折,用胶水把两边小三角粘到下面。 第六步:正过来,用打孔机打四个小孔,穿过绳子,就做好了! 3. 学生合作,制作礼品袋。 4. 发挥想象,DIY 制作礼品袋。 (关注:纸袋上写清送给谁。) 5. 介绍制作方法。 (关注:每个人要说清礼品袋的 DIY 制作理念。) 6. 上台展示,评选"礼品袋最佳设计师"。	勤劳动 会合作 懂规则 负责任

活动方案

"十岁生日季"

第二周	暖心生日宴	活动设计:谢萍

活动主题:暖心生日宴	活动对象:三年级学生	活动时长:2 课时

目标:
1. 积极参与做面条活动,与同伴友好合作,体会劳动的收获和生日的仪式感。
2. 通过照片墙的制作,体会小学生活的丰富和成长的快乐,初步建立对自我的认知和对未来的期许。

资源:1. 生日面制作材料;2. 生日面制作步骤图片;3. 照片墙制作材料。

活动任务	实 施 要 求	评价指标
了解不同习俗	1. 观看视频。 2. 交流:你知道各个国家不同的生日习俗吗? 3. 生日习俗、国家连连看。 阿根廷:在生日宴会上,家人会拉他的耳朵十下。 以色列:过生日时,大人会把他抛到空中然后接住。 印度:在生日那天,他最好的朋友会把巧克力分给朋友吃。 墨西哥:在生日会上,他会戴上眼罩去打一个装满糖果的彩罐,然后一起分享糖果。 (关注:对于小学生来说,全部做对比较困难,以学习、了解为主。)	善学习

活动任务	实　施　要　求	评价指标
制作生日面	1. 交流：中国生日习俗是什么？为什么中国人过生日要吃面？ 2. 欣赏图片，学习制作步骤。 (1) 观看步骤图。 (2) 看图交流制作步骤。 (3) 交流：在制作过程中还需要关注哪些地方？ 3. 借助工具，尝试制作。 （关注：每组揉一个面团，面团过湿的话，可以在上面撒一些干面粉。） 4. 煮面条。 5. 分发面条。 6. 共唱生日歌。 7. 品尝生日面。	善学习 会合作 懂规则 勤劳动
表达生日祝福	1. 学说祝福语。 (1) 联系生活：说一说，祝福要说些什么？ （关注：可以从称呼、内容、日期等方面来说。） (2) 观看图片，知道祝福语有不同表达方式。 （关注：可以是诗歌、英文等样式。） 2. 学写祝福语。 (1) 交流：你想给谁送祝福？会说些什么？ (2) 在学案上书写祝福语。 3. 分享交流。	有主见
做照片墙	1. 交流：送出了暖心的祝福后，你又为自己许下了什么成长心愿呢？ 2. 观看图片，学习照片墙的制作方法。 (1) 观看不同类型照片墙图片。 (2) 交流：单张照片可以怎么制作？ （关注：将照片贴在卡纸上，在照片下面写上名言，剪成自己喜欢的形状，在反面写上自己的名字。） 3. 发挥创意，尝试制作。 4. 分享交流。 5. 合作完成照片墙。 （关注：老师准备一些小夹子、麻绳、钉子等材料供学生自主选择。）	有主见

活动方案

"十岁生日季"

第三周   整理全能星   活动设计：谢萍

活动主题：整理全能星	活动对象：三年级学生	活动时长：2课时

目标：
  1. 建立行李与日常生活的联系,善于思考,初步形成逻辑思维和团结合作、环保意识。
  2. 积极参与整理衣物劳动,发展自理能力,养成良好的生活习惯。

资源：1. 衣物收纳套装；2. 衣物收纳视频。

活动任务	实　施　要　求	评价指标
列出行李清单	1. 交流：如果你要外出旅游,需要携带哪些物品？ （关注：学生尽可能多说一些物品,老师写在黑板上。） 2. 讨论：列出的物品哪些可以不拿？ （关注：从实用性、旅行时间等角度入手。） 3. 小结：可用可不用的东西,我们可以不拿；能代替的东西,我们也可以不拿。我们还要发扬同伴互助的精神,合作着来拿东西。 4. 小组合作,写出清单。 （关注：学生列出雨伞、衣服、毛巾等物品。） 5. 小组派代表交流。 （关注：需说清清单中携带物品的原因。）	善学习 负责任 会合作
动手整理	1. 交流：确定行李清单后,我们该如何收纳整理呢？ 2. 学一学叠衣服。 (1) 分小组,在规定时间内叠四件衣服。 (2) 交流：各小组衣服叠得怎么样？ (3) 观看收纳小视频。 (4) 讨论：你们发现要把衣服叠整齐,有什么小窍门？ (5) 尝试叠衣服。 3. 学一学分类收纳。 (1) 将收纳物品的序号填写在行李箱图片的不同位置。 (2) 交流：这样收纳合理吗？ 为什么？ (3) 总结：我们一起来念一念收纳口诀：干湿要分开,吃用要分开,分类摆摆好；重物放下面,轻物放上面,摆放有顺序。 4. 分组比赛,挑战收纳。 （关注：在相同时间内,看哪组收纳得最整齐,摆放位置最正确。）	有主见 会合作 勤劳动

> 活动方案

"十岁生日季"

第四周　　　　　　　　向榜样看齐　　　　　　　　活动设计：谢萍

活动主题：向榜样看齐	活动对象：三年级学生	活动时长：2课时

目标：

　　1.通过徒步参观消防队,理解和遵守交通规则,初步养成低碳出行的环保意识,有吃苦耐劳的意志品质。

　　2.通过叠被子,发展自理能力,养成良好生活习惯。

资源：消防队被子。

活动任务	实　施　要　求	评价指标
徒步前往消防队	1. 交流：外出需要注意些什么？ （关注：从出行纪律、安全入手。） 2. 判断外出做法哪些是正确的？哪些是错误的？并且说说你的判断理由。 例如： （1）步行过程中,小明想起一件趣事,他马上跑到队伍后面跟亮亮分享。 （2）消防员叔叔讲解过程中,亮亮想到了一个问题,马上插嘴提了出来。 3. 徒步前往消防队。	懂规则 负责任
学习叠被子	1. 参观消防员叔叔的宿舍。 （关注：引导学生认真观察消防员叔叔整理内务的方法。） 2. 观察宿舍的卫生、物品,谈谈体会。 3. 记录宿舍物品。 4. 用绘画或文字记录叠被子步骤以及自己的小发现。 5. 现场尝试叠被子。	有主见 善学习
制作一日作息表	1. 采访：消防员叔叔的一日作息。 （关注：采访时要有礼貌,提问要举手。） 2. 交流：了解消防员叔叔一日作息后,说说你的感想。 3. 制作"我的一日作息表"。 （关注：学生根据自身情况,合理分配学习、运动等时间,约束自己,养成自律好习惯。）	有主见

"I 成长"主题式综合活动课
四年级

"I 成长"主题式综合活动课：

四年级(第一学期)确立"情绪调节场"的主题,分为第一周：情绪调色盘;第二周：魔盒历险记;第三周：快乐大作战;第四周：愤怒消消乐。

四年级(第二学期)确立"阳光正能量"的主题,分为第一周：团结你我他;第二周：角色大挪移;第三周："失败"大起底;第四周：要学会说"不"。

四年级(第一学期)

主题：情绪调节场

【主题简释】

情绪,是学生成长中的一种表达方式。学会管理、调节情绪,让良好的情绪成为学生正确人格养成的底基。

"情绪调节场"主题,由"情绪调色盘""魔盒历险记""快乐大作战""愤怒消消乐"四组活动组成,从情绪的大反差体验认知情绪对成长的重要性。

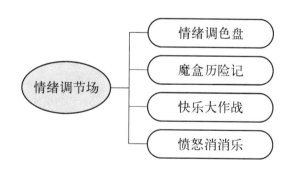

活动方案

"情绪调节场"

第一周   **情绪调色盘**   活动设计：徐丽

活动主题：情绪调色盘	活动对象：四年级学生	活动时长：2课时

目标：

    1. 通过游戏体验、视频介绍等认识情绪的多样性,知道面对不同的情境、不同的事件会产生不同的情绪。

    2. 通过故事体验、画画以及制作情绪娃娃来表达自己的情绪,初步学会调节和控制不良情绪。

资源：视频、PPT、词卡、音乐、A4铅画纸、五盒画笔和情景故事签。

活动任务	实　施　要　求	评价指标
感受情绪	1. 热身游戏：听话的小士兵。 (关注：听到口令1就是蹲,2就是立,3就是向左转,4就是向右转,反应慢或做错的同学被淘汰,自己坐下。) 2. 学生交流：你们在游戏中或游戏后的心情是怎么样的? 3. 观看情绪视频《头脑特工队》。 4. 学生交流：通过视频,你了解了哪些情绪? 5. 学生根据图片写出对应的情绪。	懂规则 有主见 善学习
表达情绪	1. 看图片,猜情绪。 2. 看词卡,猜情绪。 (关注：分成四组,每组得到两张情绪词卡,小组代表上台演绎词卡对应的情绪。) 3. 听音乐,表达情绪。 (1) 学生聆听。 (2) 交流：你能感受到音乐家想要表达的是什么样的情绪吗? 4. 朗读句子,表达情绪。 (1) 朗读句子。 (关注：学生用不同语气朗读,其他同学猜一猜他的心情。) (2) 学生交流：你有什么感受? 5. 小结：每个人可以从音乐、文字、语言等不同方面感受到自己和他人不同的情绪。 6. 肢体演绎,表达情绪。 (1) 观看不同肢体动作图片。 (2) 小组合作演绎情景。 7. 情绪画板,表达情绪。 (1) 学生创作。 (关注：每人一张铅画纸,学生自主绘画一种情绪。) (2) 交流绘画情绪。	懂规则 善学习 有主见

续　表

活动任务	实　施　要　求	评价指标
控制情绪	1. 故事演绎,控制情绪。 (1) 聆听故事。 (2) 同桌演绎:他会怎么做? (关注:一人演爸爸,一人演孩子。在商场里,发现一个非常好看的文具盒,但是爸爸不同意购买的后续故事。) (3) 猜一猜:他为什么会这么做? 2. 心理测试,认识自己。 (1) 观看心理学图片。 (2) 学生交流:你看到了什么? (3) 学生自测。 (关注:学生根据老师公布的图片背后不同答案的含义,自测自己的情绪。) 3. 制作情绪娃娃,宣泄情绪。 (1) 观看成品图片,交流制作材料有什么。 (2) 猜测制作步骤,标上序号。 (3) 动手制作。	有主见 善学习 勤劳动

- - - - - 活动方案

"情绪调节场"

第二周　　　　　　　　　　**魔盒历险记**　　　　　　　活动设计:徐丽

活动主题:魔盒历险记	活动对象:四年级学生	活动时长:2课时
目标: 1. 通过游戏、文字、图画、语言,表达自己对恐惧的认知和感受。 2. 通过实践体验,发展情绪控制能力,学会应对恐惧情绪。		
资源:视频、PPT、画笔、假蛇、假蜘蛛、假蟑螂、活鱼、活泥鳅和五个宝盒。		

活动任务	实　施　要　求	评价指标
探秘魔盒	1. 魔盒探秘。 (关注:学生随机摸五个魔盒,摸的时候不可以偷看;摸的时候轻一点,慢一点;摸出什么不要说出来。) (1) 学生探秘,教师抓拍学生表情。 (2) 学生交流:你摸到了什么? 摸的时候有什么感受? 2. 观看学生探秘表情照片。	懂规则 有主见

续　表

活动任务	实　施　要　求	评价指标
直面害怕	1. 画一画：自己最害怕的事物。 （关注：学生挑选代表害怕事物的颜色画笔进行绘画。） 2. 交流：你对什么事物感到害怕？为什么让你感到害怕，有什么故事吗？ 3. 小结：害怕是一种非常正常的情绪表达，大胆地说出自己内心的恐惧。	懂规则 有主见 善学习
缓解恐惧	1. 观看视频：不同人对不同害怕的事物做出的反应。 (1) 交流视频中害怕事物的类型。 (2) 总结：重新认识害怕，有时候害怕不一定都是坏事情，它也能起到提醒自己的作用。 2. 探究缓解恐惧的方法。 (1) 学生交流：当遇到害怕的事物时，有什么有效方法可以缓解？ (2) 老师补充。 （关注：缓解恐惧的方法有深呼吸法、暗示法、转移注意力等。） 3. 观看视频：《不要害怕，我会慢慢长大》。 （关注：海鸟在偶然的机会下战胜了对海水的恐惧。） (1) 学生观看视频。 (2) 交流：看了视频，你有什么感受？ 4. 回顾情绪画板，写一写缓解方法。	有主见 善学习

活动方案

"情绪调节场"

第三周　　　　　　　　　快乐大作战　　　　　　　活动设计：徐丽

活动主题：快乐大作战	活动对象：四年级学生	活动时长：2课时

目标：
　1. 了解笑是快乐的情绪最常见的表达方式，体验快乐无处不在。
　2. 通过游戏、视频、歌曲感受微笑的魔力，拥有积极健康的态度。

资源：视频、四个呼啦圈、两包跳跳糖、积木"叠叠乐"。

活动任务	实　施　要　求	评价指标
做团队游戏	1. **热身游戏**：《传递呼啦圈》。 （关注：分四组，每组学生手拉手围成一个封闭的圈，其中一人手臂上套上一个呼啦圈，在不许用手的情况下，使呼啦圈穿过每个人的身体。四个小组同时开始，动作最快的小组为胜。） 2. 交流游戏感受： 通过游戏，你感受到什么？你做游戏时有什么小窍门？	懂规则 有主见 会合作 负责任

续　表

活动任务	实　施　要　求	评价指标
分享快乐	1. 讲笑话,体会快乐。 (1)学生讲笑话。 (2)评选:谁讲的笑话最好笑。 2. 分享食物(跳跳糖),体验分享的快乐。 [关注:讲笑话胜利者获得一包跳跳糖,他可以自主选择和谁一起分享。] 3. 积木"叠叠乐"游戏,感受合作的快乐。 [关注:木块三个为一层,交错叠高成塔,轮流掷骰子决定抽取哪种颜色或哪一层的木块,抽取的木块要放在木塔的顶层。在抽取和放木块的过程中木塔倒塌则算输。] (1)学生游戏。 (2)小结:当快乐被分享以后,快乐不会被减少,反而会增多。 4. 学唱《幸福拍手歌》。 5. 交流:获得快乐有哪些方法?	懂规则 善学习 负责任
抓住快乐	1. 合作演绎"苗苗和爸爸"的故事。 (1)聆听情景故事。 (2)学生演绎。 (3)画一画苗苗爸爸前后表情的变化,体验微笑的魔力。 2. 做"抓住快乐"游戏(抓逃游戏)。 [关注:学生围成一个圆圈,把左手张开伸向左侧人,把右手食指垂直放到右侧人的掌心上。当听到"快乐"的口令时,左手设法抓住左侧人的食指,右手设法逃掉,以抓住次数多者为胜。] (1)学生游戏。 (2)分享游戏体会。	善学习 懂规则 会合作

活动方案

"情绪调节场"

第四周　　　　　　　　　　**愤怒消消乐**　　　　　　　活动设计:徐丽

活动主题:愤怒消消乐	活动对象:四年级学生	活动时长:2课时
目标: 　1. 通过感知"愤怒"的情绪,了解愤怒对人身心健康的危害。 　2. 通过视频和情境体验,能正确面对愤怒情绪,初步学会调节和控制愤怒情绪。		
资源:视频、四个呼啦圈、两包跳跳糖。		

续　表

活动任务	实　施　要　求	评价指标
感知愤怒	1. 观看两个视频(超车视频和惹怒顾客视频)。 2. 交流:你有什么感想或体会? 3. 讨论:愤怒会给我们带来什么后果? 4. 小结:如果只是一味地抱怨或者是以暴制暴,你的愤怒不会缩小,反而会带来很多的不良影响。	有主见 善学习
赶走愤怒	1. 观看绘本《菲菲生气了》。 2. 交流: (1) 故事的主人公叫什么? 她怎么了? (2) 她生气的时候是什么样子的? (3) 菲菲为了什么事而愤怒呢? (4) 她到底用了什么办法赶走"愤怒"呢? 3. 联系自身,寻找方法。 讨论: (1) 当别人把你激怒时,你怎么办? (2) 离开现场后如何调适愤怒情绪? 4. 总结赶走愤怒的方法:转移注意力、合理宣泄、理智控制等。	善学习 负责任
参观心理辅导室	1. 交流参观心理辅导室规则。 (1) 静齐排队前往。 (2) 不在心理咨询室大声嬉笑打闹,要保持安静。 (3) 一切听从老师的指挥,不得擅自离开集体。在参观或体验过程中,遵守规则。 2. 参观心理辅导室。 3. 体验辅导室内的不同器材及功能。 4. 交流:参观后,你有什么感受? 5. 小结:我们都要学习掌握调控情绪的方法,做情绪的主人,建立良好的人际关系,愉快、健康地学习和生活。	懂规则 善学习

四年级(第二学期)

主题:阳光正能量

【主题简释】

阳光与正能量,是学生成长的一对正向范畴,是学生健康发展的品质基础,需由教育与活动给予认识、体会。

"阳光正能量"主题,由"团结你我他""角色大挪移""'失败'大起底""学会说'不'"四组活动组成,通过实践告诉学生获得正能量的途径和阳光养成的方法。

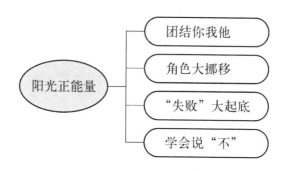

活动方案

"阳光正能量"

第一周　　　　　　　　　　　团结你我他　　　　　　活动设计:徐佳　徐丽

活动主题:团结你我他	活动对象:四年级学生	活动时长:2课时

目标:
　　1. 积极参与"一起站圈圈""拔河总动员""挑战拉小球""接力乒乓赛"集体游戏,能自信表达自己的参与感受,形成对所在集体的归属感。
　　2. 能通过唱歌曲《团结就是力量》,表达对团结的认知,能够感受集体的力量。

资源:三个呼啦圈、拔河绳、三个瓶子、18个小球、18个乒乓球、乒乓球槽、气球。

活动任务	实　施　要　求	评价指标
一起站圈圈	1. 交流游戏规则。 (关注:七人一组,在规定时间内站在呼啦圈里人数最多的小组为胜利。圆圈内的同学必须双脚落地,且不可超出圆圈外。) 2. 小组合作,开展游戏。 3. 记录本组和获胜组的人数。 4. 讨论:获胜组游戏胜利的原因。	懂规则 会合作

活动任务	实　施　要　求	评价指标
拔河总动员	1. 交流游戏规则。 （关注：分成两组，每支队伍都选择一名指挥官，在裁判吹口哨后，每一组同学共同牵拉绳的一端，最终将拔河绳中间标记部位牵拉过队伍界线的一方获胜。） 2. 集体游戏。 3. 交流： 获胜组怎么能获胜？失败组觉得哪里还可以改进？ 4. 学生讨论：什么是团结？如何做到团结？团结又能带来什么？ 5. 小结：把大家的力量集合在一起就是团结，团结一致就能完成一个人完不成的任务。	会合作 懂规则
挑战拉小球	1. 交流游戏规则。 （关注：每个瓶子前六位同学为一组，每位同学牵住一根绳。最快把六个小球全部拉出的小组获得胜利。） 2. 开展游戏。 3. 交流成功的方法。 4. 总结：团结固然重要，但有时一同完成一件事情时，要讲究先后次序。	懂规则 有主见 会合作
接力乒乓赛	1. 交流游戏规则。 （1）每组同学站成一排，并每人一根引导槽。 （2）队伍的一端定位起点，另一端处放置一个水盆。 （3）在起点的引导槽上放置一个乒乓球，然后学生使用引导槽将乒乓球传递给下一位队友。 （4）传递乒乓球时不能用手碰，也不能使其掉落，更不能回流。 （5）当最后一个队员将乒乓球传入到水盆时，算成功。 （6）用时最短的小组，获得胜利。 2. 预热游戏。 3. 正式比赛。 4. 交流成功或失败的原因。 5. 小结：团结是一种信念，这种信念支撑大家拥有更高的配合度。	懂规则 会合作 有主见
学唱团结之歌	1. 读歌词，交流自己的理解。 2. 背歌词，了解歌词的意义。 3. 自主学唱《团结就是力量》。 4. 合唱《团结就是力量》。	善学习 会合作

活动方案

"阳光正能量"

第二周	角色大挪移	活动设计：徐佳　徐丽

活动主题：角色大挪移	活动对象：四年级学生	活动时长：2课时

目标：

1. 通过角色体验"怀孕的母亲"，体会家人的辛苦，学会关心身边的人。

2. 通过"该不该给孩子买 iPad"的辩论，学会换位思考，具有思辨能力。

3. 能用图画、语言、文字、肢体动作表达对身边人的感谢，让生活充满爱和仪式感。

资源：视频。

活动任务	实　施　要　求	评价指标
角色体验	1. 讨论交流：裹着气球睡觉的感受。 2. 交流魔法游戏"如果我变成……"规则。 3. 学生体验并记录时间。 （关注：学生将书包装满，背上书包，变成孕妇，做高抬腿动作，看谁坚持的时间更久。） 4. 交流：妈妈怀着我们的时候，她平时走路、睡觉是怎样的感受？ 5. 学生模仿长辈（包括：父母、祖辈等），交流：他们辛苦的地方。	懂规则 有主见
换位思考	1. 观看辩论赛视频，交流辩论规则。 2. 小组讨论，记录支持观点的N条理由。 （关注：根据不同的观点，分成两组，准备自己的观点，开展辩论赛，小组内进行讨论，说出支持你的观点的N条理由。） 3. 辩论比赛：父母该不该给孩子买 iPad。 （关注： (1) 明确发言顺序，分别选出一辩、二辩、三辩、四辩。 (2) 按照顺序开始辩论。 ① 开篇立论：正反双方一辩轮流发言，说出观点。 ② 攻辩环节：双方二辩和三辩轮流发言。 ③ 自由辩论：正反方轮流自由发言。 ④ 总结陈词：由双方四辩轮流发言，总结辩论过程中双方的发言，再次强调自己一方所持的观点。） 4. 完成金牌辩手笔记。 （关注：学生填写论证自己观点的例子。） 5. 总结：每个人立场不同，做法就会不同，有时我们也要站在别人的立场去思考问题。	懂规则 有主见 善学习 会合作

续　表

活动任务	实　施　要　求	评价指标
感恩身边的人	1. 想一想：你想感恩的家人是谁？ 2. 小组讨论和交流：你最想对她/他说什么？ 3. 写写"爱的仪式感"。 （1）小组讨论交流。 （关注："爱的仪式"可以用文字和图画的形式记录下来，也可以搭配语言和动作介绍给大家。） （2）写写画画自己的感恩方式。	有主见 负责任

活动方案

"阳光正能量"

第三周　　　　　　　　　　**"失败"大起底**　　　　　活动设计：徐佳　徐丽

活动主题："失败"大起底	活动对象：四年级学生	活动时长：2 课时

目标：

　　1. 通过制作不倒翁，尝试自己的想法，体验实验的成功和失败，知道失败也是一种经验，能用自己的语言表达对失败经验的认同。

　　2. 通过写自己失败的经历，能够直面失败经验，寻找可以改进的方式、方法。

　　3. 通过学唱歌曲《咸鱼》，理解面对失败的方法，养成积极、乐观的心态。

资源：视频、鸡蛋、针、盆子、干细沙、剪刀、胶水、彩纸等。

活动任务	实　施　要　求	评价指标
制作不倒翁	1. 学生观看不倒翁制作视频。 2. 讨论交流：制作不倒翁的步骤。 3. 制作不倒翁。 （关注：学生根据教师提供和自带的材料，在规定的时间内制作不倒翁。失败的同学可以帮助他人。） 4. 学生分组讨论并交流：失败的原因及成功经验。	善学习 勤劳动 懂规则 会合作 有主见
交流分享经验	1. 学生分组讨论，交流： （1）面对失败的时候你们是怎么做的？ （2）分析一下自己失败的原因。 （3）失败之后你们放弃了吗？ （关注：实验失败和成功的同学分到一个小组，参与讨论。） 2. 总结：失败是一件很正常的事情，不要让失败打倒，坦然接受也是一种态度。	有主见

续　表

活动任务	实　施　要　求	评价指标
探索失败的改进方法	1. 写一写：自己失败的经历。 2. 分组分享交流：从这件事情中你明白了什么？ 3. 观看案例（爱迪生和中国女排的故事）。 4. 交流想法：他们从失败中获得了什么？ （关注：学生从失败的正面意义和负面影响两方面畅所欲言。） 5. 探索改进方法。 （1）联系写下来的失败经历，交流自己可以怎么改进。 （关注：其他同学帮助他思考解决问题的多种方法。） （2）为同伴加油。 （关注：选择一位同学的失败经历，对他说一句鼓励的话。） 6. 总结：失败最大的好处是不仅能让我们明白道理，还能让我们从失败中改进，获得成功的可能。	有主见 善学习 会合作
学唱励志歌曲	1. 自学歌词。 2. 交流：歌词的意义。 3. 学唱歌曲《咸鱼》。	善学习

------- 活动方案

"阳光正能量"

第四周　　　　　　　　　　学会说"不"　　　　　　　活动设计：徐佳　徐丽

活动主题：学会说"不"		活动对象：四年级学生	活动时长：2课时
目标： 　　1. 通过情景演绎，知道面对他人的请求，可以接受也可以拒绝。 　　2. 能寻找到合理拒绝他人请求的方法，并能在拒绝他人的过程中做到文明礼貌，真诚待人。 　　3. 面对校园欺凌，要有自我保护的意识，能用制作小报的形式表达对欺凌的认识，具有自己防欺凌的方法。			
资源：视频。			
活动任务	实　施　要　求		评价指标
可以说"不"	1. 学生演绎情景剧。 （1）根据不同情景，小组选择一个情景演绎。 （关注：供学生选择的情景需多样，但都围绕收到同伴邀请情境展开。比如：正在赶作业的同学收到同伴打游戏的邀请……）		会合作 懂规则

续　表

活动任务	实　施　要　求	评价指标
可以说"不"	（2）上台演绎。 （3）交流：你为什么这么做？你当时是怎么想的？ 2. 讨论： （1）如果同学们没有拒绝对方的邀请，会发生什么？ （2）在哪些情况下可以拒绝别人，坚定地说"不"？ 3. 小结：当手头的事比别人约你去做的事更加重要的时候，当别人所要求的事情确实是你自己不愿意的时候，当别人让你做明显不好的事情的时候，我们可以说"不"。	善学习
善于说"不"	1. 同桌情景演绎三种说"不"方式。 （1）小方冲着小李大声说："没兴趣！没看见我正在赶作业吗？" （2）小方对小李说："不去。"（态度平和，接着看书不去理会小李。） （3）小方对小李说："不好意思，我作业还没做完，还要准备明天的测试。实在没时间，你再看看其他同学有没有空，好吗？" （关注：学生可自主选择，自愿上台演绎。） 2. 交流： 听了同学们演绎时不同的回答，你有什么感受，你觉得哪种做法最好？ 3. 讨论：委婉地拒绝，要注意些什么呢？ 4. 小结：可以说明理由、找出替代方法等方式，合理地拒绝他人请求。 5. 再次情景演绎。 （关注：学生根据提供的情景，利用上述方法演绎委婉拒绝他人。）	善学习 有主见
学会说"不"	1. 观看短片《防欺凌》。 2. 学生交流：什么是校园欺凌？面对欺凌行为时我们该怎么做？ 3. 学生讨论： （1）在平时的学习生活中你们有没有受到这样的欺负，你是怎么做的？ （2）如果你就是被欺凌的受害者，你会怎么做？如果你是旁观者，看到同学被其他人欺凌，你又会怎么做？ 4. 总结：当遇到欺凌时，可以及时向老师或家长求助，老师和家长永远是你们最坚强的后盾。 5. 自制防欺凌小报。	有主见 懂规则 善学习

"I 成长"主题式综合活动课
五年级

"I 成长"主题式综合活动课:

五年级(第一学期)确立"男生女生 GO"的主题,分为第一周:他、她不同;第二周:他与她同行;第三周:友情真有范;第四周:身体红绿灯。

五年级(第二学期)确立"畅享毕业季"的主题,分为第一周:我与母校共合影;第二周:我与母校共成长;第三周:独家毕业礼;第四周:毕业星舞台。

五年级(第一学期)

主题:男生女生 GO

【主题简释】

男生女生性别,是学生成长中绕不开的话题。正确认识男女有别、相互尊重、合作前行和自身生理,是学校教育和学生认知途径来源的正确打开方式。

"男生女生 GO"主题,由"他、她不同""他与她同行""友情真有范""身体红绿灯"四组活动组成,为学生与异性同学正确友好相处启蒙。

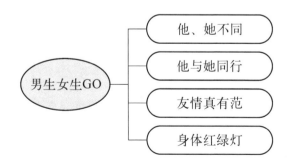

"男生女生GO"

第一周 　　　　　　　　　　他、她不同 　　　　　　活动设计：陆爱丹

活动主题：他、她不同	活动对象：五年级学生	活动时长：2课时

目标：
　　1. 通过游戏,对男生女生在体能、思维、个性兴趣等方面的不同有正确的认知。
　　2. 通过辩论,自信地表达自己对性别的客观认知,感受男女生没有优劣之分,只是特点不同。
　　3. 通过视频,了解不同性别的名人,感受男性和女性为世界做出的同等贡献。

资源：1. PPT;2. 剪刀;3. 彩纸。

活动任务	实 施 要 求	评价指标
游戏大比拼	1. 游戏大PK。 (关注：游戏可以是掰手腕、才艺展示、做思维逻辑题等。) 2. 学生填写小调查。 (关注：学生填写自己喜爱的游戏活动。) 3. 交流： (1) 对比男生和女生的答案,发现了什么? (2) 通过展示,比赛结果以及表格调查结果,有什么看法? 4. 总结：男女生各有所长、各有所短,男女生不论是在外貌上还是在性格特点、兴趣喜好上都有很大区别。	有主见
辩论赛	1. 主题辩论：男生更棒还是女生更棒? (1) 写一写自己的观点及理由。 (2) 学生自由组队。 (3) 双方开展辩论。 (关注：学生根据四年级的学习基础,已经掌握辩论的方法。) 2. 总结：男生女生各有优势,没有优劣之分,只是特点不同。	善学习 懂规则 会合作 负责任
交流名人故事	1. 交流名人故事。 (关注：包含运动员、科学家、战争名人、文艺、歌唱、航天等各领域的名人故事。) 2. 学生评选心目中的名人Top3,并记录下来。 3. 交流结果。 4. 总结：男女生是平等的。历史上虽然男性和女性各有不同,但都对世界做出了贡献。	善学习

"男生女生GO"

第二周	他与她同行	活动设计：陆爱丹

活动主题：他与她同行	活动对象：五年级学生	活动时长：2课时

目标：
1. 通过视频,感受古代男尊女卑的社会风气。
2. 通过资料搜集,探索女性解放的标志,体会尊重女性就是社会文明的进步。
3. 通过游戏、制作等,感受男女生合作的力量,体会男女平等、合作共赢。

资源：1. PPT；2. 调查表；3. 绅士章；4. 实心球；5. 跳绳；6. 气球；7. 彩珠；8. 细绳。

活动任务	实 施 要 求	评价指标
对比古今	1. 观看视频。 （关注：古代男尊女卑的相关影视资料。） 2. 交流：看了视频后,说一说古代男女地位怎么样? 3. 质疑：古代男女地位为什么天差地别? 你对此有什么看法? 4. 总结：在漫长的历史中,女性在绝大多数的时间里,失去了经济上的地位,沦落为男性的附属品。	有主见
搜索信息	1. 小组合作探究：女性解放的标志。 （关注：可以通过网络等途径探究女性解放的标志的时间、人物、相关事件等内容。） 2. 小组交流。 3. 总结：各个国家都在慢慢地尊重女性,女性的地位有所提升。	有主见 会合作
学做绅士	1. 观看视频：外国人的 lady first 的礼仪视频。 2. 情景模拟演绎。 （关注：男生模拟演绎,女生做搭档,如行走时、坐车时、用餐时等礼仪。） 3. 评选班级最绅士男生。 （1）学生自由选择贴章。 （2）女生交流：如何感谢男生。 4. 总结：lady first 不仅是一种男士礼仪,更是一种绅士精神,象征着社会的文明和对女性的尊重。女生在被尊重的时候,也要尊重男生。	善学习

活动任务	实　施　要　求	评价指标
体验男女生合作	1. 交流"好"字结构。 2. 小组讨论："好"字为什么是由"女"和"子"组成？ 3. 闯关游戏。 (1) 交流规则。 (关注：四人为一组,自由组合,有男有女,自主分配,每组共要闯过四关,比如一分钟跳绳、串珠等,一个人负责一关。) (2) 自由组队。 (3) 小组商讨,分配任务。 (4) 开始比赛。 (5) 获胜队交流： 你们为什么这样组队？为什么这样选组长？为什么这样分配任务？ 4. 总结：男生和女生都有擅长的领域,要共同合作,团结齐心才能把事情做好。	善学习 懂规则 会合作 负责任

活动方案

"男生女生 GO"

第三周 　　　　　　　　友情真有范 　　　　　　活动设计：陆爱丹

活动主题：友情真有范	活动对象：五年级学生	活动时长：2 课时

目标：
1. 通过肢体的动作,体悟青春期环境生活的变化,表达自己对青春期的感受。
2. 通过青春期男女生相处情境分析,体会男女生应和谐相处、互相帮助。
3. 通过"两人三足"游戏,体会男女生正确相处的方式,树立健康的异性交往观念,能够运用理智调控与异性交往中存在的情感问题,培养纯真友谊。

资源：1. PPT；2. 彩纸；3. 绳子；4. 彩笔；5. 胶水；6. 剪刀。

活动任务	实　施　要　求	评价指标
探讨异性相吸的现象	1. 生活中的"同性相吸"。 学生挑选同伴入座,交流：你为什么和他(她)坐一起？你为什么不和她(他)坐一起？ (关注：学生通常都选择男生和男生坐,女生和女生坐。对于同性,让学生说说原因。)	有主见 善学习

活动任务	实　施　要　求	评价指标
探讨异性相吸的现象	2. 磁铁原理的"同性相斥,异性相吸"。 观看磁铁同性相斥,异性相吸的现象。 3. 交流:自然界中"异性相吸"的自然现象。 (关注:太极图、天地、凹凸等。) 4. 将"异性相吸现象"画下来或写下来。 5. 小结:我们不必刻意去划清界限,男生和女生之间的相处可以自然些。	
分析情境	1. 听情境事例。 (1) 小丽很喜欢同班的小陈。有一天,她悄悄送给小陈一件礼物,并在礼物中夹了一张表白字条。 (2) 小陈走在回家的路上,看到同路的小丽没有带伞,手里还拿了一大包物品。小陈刚想走上去帮忙,想到今天小丽给自己写的字条,就犹豫了。 (3) 小强最初对男女同学一视同仁。后来有人造谣说他特别"关照"小丽。他为了避免不必要的麻烦,从此再也不与女同学交往了。 (关注:情境故事围绕青春期男女生相处展开。) 2. 小组讨论:情境中的同学应该如何正确相处呢? 3. 总结:助人为乐不分性别。	会合作
做"两人三足"游戏	1. 交流"两人三足"游戏规则。 〔关注:一男一女为一组,各队用绳子把两人的一侧脚(一人左脚、一人右脚)的踝关节绑在一起,站在起跑线后,双脚不能踩在起跑线或者超过起跑线,两人互相搂肩走,第一个走到终点的队伍获胜。〕 2. 学生抽签组队。 3. 学生合作完成游戏。 4. 学生交流:与同伴合作完成游戏后,有什么感受? 5. 小结:男生和女生通过交流合作可以培养友谊,成为真正的朋友。	会合作 懂规则
制作并赠送友谊书签	1. 观看书签的款式。 2. 学生制作友谊书签。 (关注:学生从剪裁、文字、绘图等方面发挥创意。) 3. 学生互赠友谊书签。 4. 男女生配合收拾桌面,清洁教室。	善学习 有主见 勤劳动

活动方案

"男生女生GO"

第四周 **身体红绿灯** 活动设计：陆爱丹

活动主题：身体红绿灯	活动对象：五年级学生	活动时长：2课时

目标：

　　1. 通过游戏,认识自己和他人身体的禁区、警戒区和安全区;知道人与人之间身体接触的界限,对别人身体的禁区,不要碰触,懂得保护自己,发展自我保护能力。

　　2. 通过视频,学习面对和处理遇到的人和事,提高防范能力,增强身体不受侵犯的意识,树立正确的安全道德观念。

资源：1. PPT;2. 红绿灯牌子;3. 彩笔。

活动任务	实　施　要　求	评价指标
做身体接触游戏	1. 交流马路上红绿灯的作用。 2. 角色身体接触游戏。 (1) 交流游戏规则。 (关注：两两一组,面对面站立,听老师指令,做动作,不愿意做的动作可以停止不做。) (2) 学生游戏。 (关注：指令可以是摸头、摸额头、摸脸颊、拍肩膀、牵手、拍屁股等。) 3. 交流讨论： (1) 哪些动作让你感觉不舒服? (2) 如果是陌生人碰会如何? 朋友碰会如何? 亲人碰会如何? 4. 小结：在日常生活中,每个人都有不同的身体界限,不一样的人碰我们的感觉是不一样的,每个人允许别人碰触的尺度也不同。	懂规则
认识身体变化及界限	1. 学生交流：进入到青春期,男女第二性别特征有哪些? (关注：男生从胡须、声音、喉结、肌肉等方面入手;女生从声音、喉结、乳房、骨盆、皮肤脂肪等方面入手。) 2. 学生交流： 　　与别人身体接触时,哪些部位可以接触? 哪些部分接触后让你感到不舒服,甚至是厌恶的? 3. 阅读《身体安全小博士》。 (关注：可以将身体分为禁区——红灯区,禁区只有自己才可以碰触;警戒区——黄灯区,警戒区只有与你关系亲密的人才可以碰触;安全区——绿灯区,安全区出于交往需要或礼貌,一般人可以碰触。)	善学习

续　表

活动任务	实　施　要　求	评价指标
认识身体变化及界限	4.画一画身体红绿灯。 (关注:学生在任务单图片上用红、黄、绿三种颜色圈出身体的禁区、警戒区、安全区。) 5.学生交流展示。 6.情境辨析,举牌游戏。 (关注:与不同人接触时,可以接受的动作行为举绿灯,不可以接受的动作行为,举红灯。) 7.总结:别人的红灯区,一定不要触碰;自己的红灯区一定要严加防护。每个人的黄灯区和绿灯区可能不同,要尊重别人的标准。	有主见
讨论自护方法	1.观看视频(男生篇、女生篇)。 2.交流: (1)从视频中知道了什么? (关注:学生认识性骚扰或性侵害。) (2)面对性骚扰或性侵害,该如何处理。 3.观看情境图片。 (关注:情境需贴近学生生活,比如公交车上,有个年轻男子眼睛不断瞄你,身体慢慢靠近等。) 4.小组举牌:当你遇到这样的情境时,怎么处理? 5.小组合作探讨自我保护方法。 (1)写一写:还会遇到什么情况,在那样的情况下,我们应该如何保护自己? (2)学生代表交流。	善学习 会合作

五年级(第二学期)

主题:畅享毕业季

【主题简释】

毕业,是学生与小学阶段的告别,接续中学阶段的开始。毕业的学生,情感翻涌,感恩有加;此刻的学校,搭建平台,升华寓意。

"畅享毕业季"主题,由"我与母校共合影""我与母校共成长""独家毕业礼""毕业星舞台"四组活动组成,由色彩斑斓的主题引导学生达到情感释放的高潮。

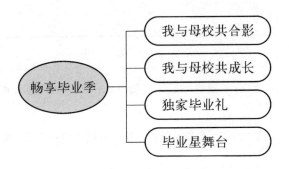

活动方案

"畅享毕业季"

第一周   我与母校共合影   活动设计：陆爱丹

活动主题：我与母校共合影	活动对象：五年级学生	活动时长：2课时

目标：
1. 通过摄影、交流,加深对学校的认同和归属感,表达对学校的热爱。
2. 愿意尝试自己的想法,有创意地摄影、制作相框,表达对周围的老师、同学和学校的情感。

资源：1. 拍照创意板;2. 手机;3. 铅画纸;4. 水彩笔;5. 硬纸板;6. 双面胶;7. 剪刀;8. 彩纸;
9. 闪粉(彩色);10. 胶水;11. 彩泥。

活动任务	实 施 要 求	评价指标
评选校园最美一角	1. 评选"校园最美一角"。 (1) 观看校园不同场景图片。 (2) 学生交流：学校哪里给你留下深刻印象? 最喜欢的地方又是哪里呢? 为什么? (3) 学生投票,评选"最美校园一角"。 (关注：学生评选"校园最美一角",说出三个地方,说清推荐理由。) (4) 学生唱票,得出结果。 2. 参观校园,合个影。 (1) 交流参观校园规则。 (2) 校园留影。 (关注：学生和自己喜欢的同学拍照或和喜欢同一个地方的同学拍照。) 3. 回到教室,欣赏留影照片。 4. 学生交流：怎样才能拍出更好的照片? 5. 学生自由练习。	有主见 懂规则 善学习

续　表

活动任务	实　施　要　求	评价指标
拍摄创意合照	1. 交流：校园如此之美,就要毕业的我们,可以怎么做来留住这份美好? 2. 欣赏创意照。 3. 学生交流：我们也能拍出这样有创意的照片吗? 应该怎么拍呢? 4. 小组合作,探讨拍摄创意方式。 (1) 小组讨论。 (关注：拍摄地点、动作、队形、呈现方式等。) (2) 创意设计交流。 5. 拍摄创意合照。 (关注：小组合作,根据设计完成创意合照。) 6. 展示并评选最佳创意奖。	会合作 有主见
制作创意相框	1. 交流：有了好看的照片,如何更好地保存呢? 2. 观看相框制作过程。 3. 学生制作创意相框。 (关注：学生利用废弃物品、卡纸、双面胶等材料进行制作。) 4. 交流：你觉得谁的相框最有创意? 说说理由。 5. 学生整理桌面。	有主见 勤劳动

活动方案

"畅享毕业季"

第二周　　　　　　　　　　**我与母校共成长**　　　　　活动设计：陆爱丹

活动主题：我与母校共成长	活动对象：五年级学生	活动时长：2 课时

目标：

　　1. 能探究制作时光轴的方法,体会小学环境、生活、学习带来的美好回忆,表达自己对小学生活的热爱。

　　2. 能用自己喜欢的方式畅想未来的自己,表达对未来的美好愿望。

　　3. 通过写毕业留言册,与同学、师长愉快交流,能与同伴友好相处,自信地表达自己对于友谊、感恩的理解和对未来的期许。

资源：1. 时光轴制作视频;2. 彩笔;3. 留言册;4. 照片。

续 表

活动任务	实 施 要 求	评价指标
制作时光轴	1. 观看利用 i do 软件制作时光轴微课堂。 2. 交流制作过程。 3. 制作时光轴。 （1）打开 i do 软件后,找到图片 MV 选项,下方有添加图片选项,点击添加。 （2）选择你要添加的图片,可以选中多项,把你选中的图片添加后,软件会自动为你制作 MV。 （3）如果要添加音乐,你需要在左边找到配乐,可以选择配有的音乐,也可以自行添加。 （4）添加的方法是,找到配乐最下方的＋,使用电脑中的音乐,找到音乐所在的文件夹,选中点击打开即可。 （5）添加完毕,你需要点击保存视频。 4. 投屏交流"我的时光轴"。 （关注:发言要响亮,口齿清楚,内容要完整,仪态要大方。） 5. 总结:时光轴串起了我们成长的经历,让我们把这份经历装点得更美好。	懂规则 善学习 有主见
畅想未来	1. 畅想交流:过去让人难以忘记,未来更让人心生好奇! 未来的你会成为什么样的人呢? 会在哪儿安家? 会从事什么职业? 2. 选择自己喜欢的方式进行交流。 （关注:可以画、写、说等。） 3. 四人为一小组自由交流。 4. 学生班内交流。	善学习 会合作
写毕业留言册	1. 交流:除了对自己的畅想,你对同伴有哪些美好的期许呢? 2. 讨论:留言册上可以写什么? 3. 观看不同风格的毕业留言录。 （关注:留言录有图形模式、相册模式、海报模式、主题模式等。） 4. 朗读美好祝愿的话语。 5. 找到喜欢的老师和同学,请他们给自己留言。	有主见 负责任

活动方案

"畅享毕业季"

第三周   **独家毕业礼**   *活动设计:陆爱丹*

活动主题:独家毕业礼	活动对象:五年级学生	活动时长:2课时
目标: 1. 通过制作"友情手绳",探究手绳编织方法,用手工的形式表达对审美的认知,传达对朋友的感情。		

续　表

2. 了解中华传统文化编绳,通过手工劳动,体会合作的快乐,表达对老师和同学的情谊。
3. 欣赏创意产品,通过讨论完成设计手记,画出产品设计图,表达对母校的爱。

资源：1. 手绳；2. 珠子；3. 礼品小袋子；4. 剪刀；5. 打火机；6. 彩笔；7. 卡纸。

活动任务	实　施　要　求	评价指标
制作友情手绳	1. 交流：离别总是让人不舍,你可以亲手为你的同学、老师赠送一份什么礼物呢？ 2. 选择手绳款式。 (关注：包括金刚结、蛇结、雀头结等。) 3. 量手腕,确定手绳长短。 (1) 交流：制作手绳还需要哪些工具？如何确定手绳长短？ (关注：手绳、剪刀、绳子、打火机等。) (2) 学生合作量手围,估算手绳长短。 (关注：学生用卷尺互相测量手围,量出来的长度就是最终手绳长度。) 4. 探究手绳编织方法。 (1) 观看编织手绳的视频。 (2) 学生练习。 5. 加入自己的创意编织美化手绳。 (1) 观看一些有珠子的手绳成品图片。 (2) 学生加上珠子进行创意编织。	善学习 会合作 有主见 勤劳动
创意设计给母校礼物	1. 交流：我们可以赠送母校一份什么礼物呢？ 2. 欣赏创意产品。 3. 小组合作,设计创意作品。 (1) 学生小组讨论：可以设计什么礼物给母校？ (2) 学生设计礼物。 (3) 展示交流。 (关注：学生说清产品名称、创意灵感来源以及含义。) (4) 评选出最有创意奖。	有主见 会合作

活动方案

"畅享毕业季"

第四周　　　　　　　**毕业星舞台**　　　　　　　活动设计：陆爱丹

活动主题：毕业星舞台	活动对象：五年级学生	活动时长：2课时

目标：
1. 通过制作面具,能够大胆尝试自己的想法,展示自己独特的个性和对美的认识。

2. 通过合作集体舞,感受与同伴友好合作的快乐,体会朋友间的友情,加深对班级和学校的归属感。

资源:1. 面具;2. 羽毛;3. 彩笔;4. 玻璃钻;5. 抓阄纸;6. 手机;7. 舞蹈视频。

活动任务	实 施 要 求	评价指标
制作面具	1. 交流:毕业时要举行面具舞会,需要哪些准备? 2. 做游戏,选择面具的款式。 (1) 交流游戏规则。 (关注:从1~5中,任意说一个数字,然后用手指表示一个数,手指的数不能与说出来的数相同,如果说出来的数大于5或者手指表示的数与说出来的数相同就淘汰。) (2) 学生做游戏。 (3) 胜者选择心仪面具。 3. 美化制作面具。 (1) 选择面具装饰品。 (关注:可以是羽毛、彩笔、玻璃钻等。) (2) 学生装饰面具。	懂规则 有主见
舞步大创想	1. 观看舞蹈视频。 (关注:兔子舞、基本舞步、抖音款鬼步等。) 2. 学生体验视频舞步。 3. 自主喊口号练习。 4. 自创舞步,表演展示。 (1) 学生自编创意舞步。 (2) 表演展示。	懂规则 善学习 有主见
跳假面舞	1. 学生戴上面具出列,报号分组。 (关注:整队快、静、齐;报数,分两队。) 2. 戴着面具跳舞。 (1) 聆听音乐。 (2) 喊口号。 (3) 学生跟着音乐跳舞。 3. 摘下面具和自己的舞伴摆一个舞蹈动作再合影。	懂规则 会合作

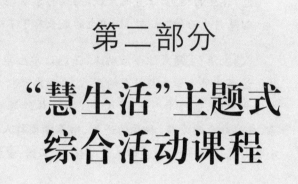

第二部分

"慧生活"主题式
综合活动课程

导 语

"慧生活",是学校教育的培养目标中极其重要的"软性指标",是学生综合素养养成的重要成因合成,是学生全面而有个性发展的重要条件。

"慧生活"主题式综合活动课程,有着清晰的界定。

生活,是学生成长的阅历场、学习圈,给生命注入活力,为成长积累经验。

慧,善良的聪明,正直的天赋,高级的思维,创造的潜能。

智慧与生活的"嫁接",让学生的成长有了不一般的体验。

"慧生活"主题式综合活动课,强调让学生学会在与社会交往中增长生活智慧。该课程偏重学生与社会的联系,主题内容指向集体、校园、家庭、社区、奉贤、上海和中国,通过由近及远、由小见大的体验活动,让学生了解自己与社会的关系,感受社会的发展、科技的进步,培养学生待人接物、集体荣誉感等,让学生从小关心身边的事物,激发学生爱集体、爱家园、爱祖国的情感。

"慧生活"主题式综合活动课程,设置不同主题:

一年级"班级是我家""我为班级添光彩";

二年级"校园环游记""校园心体验";

三年级"超级大家庭""社区百事通";

四年级"职业超体验""奉贤攻略";

五年级"玩转大上海""我的中国心"。

"慧生活"主题式综合活动课程,给予学生全新的体验:

重视学生校园生活中的主干来源:即充分利用学校教育资源,充分挖掘其潜能,搭建并整合有利于学生成长的平台,为学生成长传送必需的能量。

挖掘学生家社生活中的成熟因子:即充分发挥家校共育的积极作用,充分打通校社合育的实践途径,为学生开辟成长的珍贵"沃土"。

培植学生阅世生活中的未来潜能:注重思辨方法的习得,关注创新意识的培养,重视个性特征的发展,关心生活体验的实践,为学生赢得面向未来的先机。

"慧生活"主题式综合活动课程,具有鲜明深刻的特点:

活动性:以实践为学习提升通渠,以体验为经验获得打底,以领悟为积累储能,强调活动引人、活动悦人、活动育人。

关联性:一切以"生活原型"为参照,一切以"成长历练"为根本,一切以"素养发展"为核心,强调活动之间的相关性、活动开展的连贯性、活动收获的联系性。

参与性:让学生参与课程活动始终,参与学得习得的过程,参与活动要素环节,参与成长心智提升,强调身心参与、智能参与、情感参与。

"慧生活"主题式综合活动课
一年级

"慧生活"主题式综合活动课:

一年级(第一学期)确立"班级是我家"的主题,分为第一周:欢迎来新家;第二周:班级劳动我能行;第三周:班级公约我来守;第四周:班级环境我布置。

一年级(第二学期)确立"我为班级添光彩"的主题,分为第一周:好友乐陶陶;第二周:小队出场秀;第三周:我的骄傲我的班;第四周:班级荣誉我守护。

一年级(第一学期)

主题:班级是我家

【主题简释】

班级,是学生融入集体的载体,成长的舞台。让新生对班级有归属感,是学校教育的前置要求。

"班级是我家"主题,由"欢迎来新家""班级劳动我能行""班级公约我来守""班级环境我布置"四组活动组成,让学生有"家"的感觉,有主人的责任。

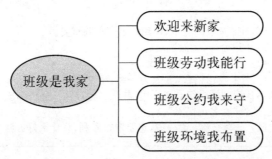

活动方案

"班级是我家"

第一周　　　　　　　　　　**欢迎来新家**　　　　　　　　活动设计：陈秀华

活动主题：欢迎来新家	活动对象：一年级学生	活动时长：2课时

目标：

1. 通过制作班级树,学会遵守上台秩序,交流自己认识的同学。

2. 通过"姓名萝卜蹲"游戏,初步认识班级中的同学,能够说出同学的名字。

3. 通过挑战赛和视频,体会团结力量大和新家庭的凝聚力。

4. 通过小组合作,用艺术的形式表达对新家庭的认知,初步形成集体归属感。

资源：1.《三个和尚》动画视频；2. KT 板、便贴纸(苹果形状)、竹筷、A3 卡纸；3. 轻快的活动配乐。

活动任务	实　施　要　求	评价指标
制作温暖班级树	1. 贴贴"照片果",加入"班级树"。 (1) 小眼看一看：观察班级树(KT 板),介绍班级树。 (2) 小手动一动：(教师播放活动配乐)拿出自己的一寸照片贴在苹果便利贴上,并将苹果贴到班级树上。 2. 交流介绍认识的朋友。 　观察"班级树"上的"照片果",说说你认识谁? 为什么认识他? 3. 交流总结。 (1) 听了刚才的交流,你有什么发现?(有的同学认识很多小朋友；大家几乎都认识班级中的某位同学。) (2) 说一说：怎样才能让更多的人认识自己呢?	善学习 懂规则
姓名记忆赛	1. 观看视频,交流规则。 (1) 播放"姓名萝卜蹲"游戏视频。 (2) 交流游戏规则。 (<u>关注</u>：一个回合中,说到的名字不要重复。) 2. 小组合作,做做游戏。 (1) 播放音乐,开始游戏。 (<u>关注</u>：自由组合,五人为一组,组建游戏小组；要求尽量与自己不认识的同学组合成小组,共玩三轮；最后,全班围成一圈一起玩,评选"姓名记忆王"。) (2) 分享交流：说一说,想要取得胜利,有什么好办法?	懂规则 会合作 有主见

续　表

活动任务	实　施　要　求	评价指标
好友帮帮忙	1. 竹筷挑战赛。 (1) 出示比赛规则。 ① 桌子上放一根、三根、五根、七根、十根筷子(共五组)。 ② 各小组派代表上来从少到多依次折断筷子。 (2) 开始比赛,交流感受。 2. 观看《三个和尚》视频。 (1) 观看视频,交流感受。 (2) 总结:在生活中、学习上我们都要学会团结合作、互帮互助。	懂规则 善学习 有主见
手掌画友情	1. 欣赏图片,观看"手掌画"。 2. 小组合作,创作"手掌画"。 (1) 介绍规则。 (关注:组内每位同学都参与作画,保持衣物和桌面整洁,作画完成后需洗净小手。) (2) 播放音乐,开始创作。 3. 展示交流,评选创意作品。	善学习 会合作 负责任

> ...... 活动方案 ......

"班级是我家"

第二周　　　　　　　**班级劳动我能行**　　　　　　活动设计:陈秀华

活动主题:班级劳动我能行	活动对象:一年级学生	活动时长:2课时

目标:
1. 通过交流自己会做和曾为班级做过的劳动项目,表达对劳动的认知,初步培养劳动精神。
2. 通过视频、游戏、实践,体验班级劳动岗位,初步培养劳动精神和对班级的归属感。
3. 通过韵律、艺术的形式,学唱《劳动最光荣》,表达对劳动的理解和认同,更加热爱劳动。

资源:1. PPT、《垃圾分类》视频和《劳动最光荣》视频;2. 彩打图片、不同类别垃圾桶道具、各种垃圾的彩色图片;3. 一盆水、若干抹布、浇水桶。

活动任务	实　施　要　求	评价指标
交流自己会的劳动	交流:你会做哪些劳动? 你为班级做过哪些劳动?	善学习

续　表

活动任务	实　施　要　求	评价指标
班级劳动勤	1. 观看图片,介绍劳动。 (1) 出示班级劳动的图片(擦瓷砖、擦黑板、排桌椅、扫地等)。 (2) 交流:你知道这是在做什么劳动吗? 2. 做做劳动小能手。 (1) 抽取劳动图片。 (2) 指名演示劳动内容。 3. 排桌椅大比拼。 (1) 交流比赛规则。 (2) 学生自由组合,分组 PK 赛。 (<u>关注</u>:第一轮模拟白天排桌椅的场景,即椅子没有翻到桌面上;第二轮模拟放学后排桌椅的场景,椅子翻上去。) (3) 评选排桌椅小能手,交流心得。 4. 垃圾分类挑战赛。 (1) 观看视频《垃圾分类》。 (2) 交流垃圾分类小知识:垃圾可以分为几类? (3) 小组内进行比赛。 (<u>关注</u>:学生将垃圾道具进行正确分类,分类正确、用时短的同学获胜。)	负责任 懂规则 会合作 有主见
学唱《劳动最光荣》	1. 播放音频《劳动最光荣》。 2. 学唱歌曲。	善学习

活动方案

"班级是我家"

第三周　　　　　　　　**班级公约我来守**　　　　　　　活动设计:陈秀华

活动主题:班级公约我来守	活动对象:一年级学生	活动时长:2 课时

目标:
　　1. 通过学唱《上学歌》,感受上学的快乐,增强对学校的热爱。
　　2. 通过游戏,体会学风的具体表现,初步养成遵守校规的意识。
　　3. 通过文字、图画等,合作设计班级公约,表达对班级公约的理解和认知,初步养成遵守班级公约的意识。

资源:1. PPT、视频《上学歌》;2. A3 卡纸、学生行为图标。

续 表

活动任务	实 施 要 求	评价指标
唱唱《上学歌》	1. 观看视频《上学歌》。 (1) 读一读歌词。 (2) 交流:你从歌词中感受到了什么? 2. 学唱歌曲。	善学习
班规我知道	1. 讨论交流:你觉得在这个综合活动课程的班级里,需要制订哪些规定呢? 2. 玩游戏,知班规。 (1) 交流游戏规则。 (2) 开展"九宫格"班规比拼赛。 (关注:六人为一组,每轮推选两名同学参与比赛。比赛共三轮,学生随机翻动九宫格的其中一格,判断上面所出示的行为是否正确;答对得1分,答错扣1分。)	有主见 懂规则
公约我来定	1. 制订公约。 (1) 学生自由组合,分组讨论。 (2) 剪一剪、贴一贴:制订班级公约。 (关注:每个小组用一张A3大小的卡纸作为底板,剪下老师所提供的学生各类行为图片,选择适合成为班规的良好行为表现,贴到A3卡纸上,形成小组成员所要制订的班规。) (3) 组内交流,补充公约。 (4) 美化公约,代表交流。 2. 各组修改并优化班级公约。 3. 总结:希望同学们在未来的日子里,共同遵守组内所制订的班级公约,成为班级大家庭的合格一员。	会合作 负责任

活动方案

"班级是我家"

第四周   **班级环境我布置**   活动设计:陈秀华

活动主题:班级环境我布置	活动对象:一年级学生	活动时长:2课时

目标:
1. 通过参观班级,知道班级环境布置的各个板块名称及内容,激发热爱班级的情感。
2. 通过画画、写字、舞蹈等艺术形式,大胆展示自己,初步建立自己与班级的联系。
3. 通过图片、实验、比赛等,感知精彩的校园和班级生活,形成班级责任意识和集体归属感。

资源:1. PPT;2. 白纸、数学写字格纸、纸杯、水、蛋、盐、淀粉、糖、跳绳。

续　表

活动任务	实　施　要　求	评价指标
我爱我班	1. 参观班级中的布置栏。 2. 学生交流：你知道班级布置有哪些板块吗？它们的作用分别是什么？你最想在哪个板块展示自己？	善学习 有主见
我型我秀	1. 展示一："阅读天地"我展示。 （1）交流自己看过的书籍。 （2）创意封面设计赛。 （关注：选定自己读过的一本书，为它设计封面，内容可以是故事中的人物或故事的某个情节，做到图文并茂。） （3）展示分享。 （4）评选优秀作品，粘贴于"阅读天地"展示区。 2. 展示二："书法天地"我来秀。 （1）书写字迹。 （关注：可以是汉字、字幕或数字书写。） （2）展示分享，组内互评。 （3）评选优秀作品，粘贴于"书法天地"展示区。	有主见 会合作 勤劳动 负责任
荣誉墙有我	1. 观看校园活动照片。 交流：学校中的活动十分丰富，你曾参加过这些活动吗？有没有在活动中获得荣誉？ 2. 科创达人赛：孵蛋实验。 （1）交流比赛规则。 （关注：学生将鸡蛋放入装有水的杯子，通过盐、淀粉、糖等物品，开展小实验，使蛋浮起来。） （2）领取材料，动手实验。 （3）评选"科创小达人"，颁发奖状。 （4）收集信息，探索奥秘。 （关注：学生可通过网络检索、查阅书籍等方式交流鸡蛋会浮起来的原因。） 3. 运动擂台赛：一分钟跳绳。 （1）交流比赛规则。 （关注：自主报名，挑战一分钟跳绳，跳得数量最多者成为冠军；其余同学仍可挑战冠军，比赛结束，跳绳速度最快者获得擂主称号。） （2）自主上台挑战。 （3）评选"跳绳擂主"，颁发奖状。 4. 将获得的奖状粘贴于班级荣誉墙。 交流：在比赛中，你通过努力获得了荣誉，你有什么感受？ 5. 小结：只要积极参与各项活动，做好学努力的孩子，"班级荣誉墙"上一定会有你的名字，加油！	善学习 懂规则 负责任 有主见

一年级(第二学期)

主题：我为班级添光彩

【主题简释】

荣誉,从为班级奉献小智慧、施展小技能开始。让学生明白,在为班级添光彩的同时,自身也享受到同等的快乐。

"我为班级添光彩"主题,由"好友乐陶陶""小队出场秀""我的骄傲我的班""班级荣誉我守护"四组活动组成,以具体的实践,让学生学会处理班务关系、融入班级集体。

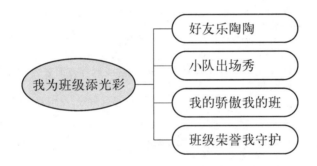

- - - - - 活动方案 -

"我为班级添光彩"

第一周 好友乐陶陶 活动设计：陈秀华

活动主题：好友乐陶陶	活动对象：一年级学生	活动时长：2课时
目标： 　　1.通过学习歌曲、舞蹈《找朋友》,体会与同学友好相处的快乐;用语言、肢体动作等,表达自己对好朋友的情感和喜爱。 　　2.通过积极参与增进友谊的游戏活动,体会与同学合作游戏的快乐,并遵守游戏规则。 　　3.拥有积极的交友观,尊重他人,乐意与同学交往。		
资源：1.PPT、视频《找朋友》;2.彩色卡纸、彩色水笔;3.气球、箩筐、布条。		

活动任务	实　施　要　求	评价指标
找呀找呀找朋友	1. 观看视频,学唱儿歌《找朋友》。 (1) 读一读歌词,交流:你最喜欢哪一句歌词? 为什么? (2) 交流:找到好朋友后,我们要做什么呢? (3) 齐唱歌曲。 2. 唱儿歌,跳舞蹈《找朋友》。 (1) 出示《找朋友》要求。 (关注:学生排成两排,面对面,两排同学手拉手,分别围成内圈和外圈。音乐响起,同学们一起唱儿歌,边唱边跳,内圈同学顺时针跳动,外圈同学逆时针跳动,音乐停止,内外圈对应的两人握握手,交朋友。) (2) 唱跳歌舞,找朋友,握握手。	善学习 会合作
优点一箩筐	1. 好朋友交流会。 　你有好朋友吗? 告诉大家,你的好朋友是谁? 说说你和他之间的小故事。 2. 夸夸我的好朋友。 　你了解你的朋友吗? 请你来夸夸他吧! (关注:学生可以从个性特征、兴趣爱好等方面去夸一夸自己的好朋友。) 3. 总结:好朋友可以一起学习、一起玩游戏,友情真美好,让我们一起来交朋友吧!	善学习 会合作
友谊升级赛	1. 友谊升级赛一:夹气球跑。 (1) 交流游戏规则。 (关注:学生自由两两组合,组建友谊小组,两人背靠背,夹住气球,往前跑,最先到达终点的队伍获胜。) (2) 开始比赛,交流感受。 2. 友谊升级赛二:箩筐投球。 (1) 交流游戏规则。 (关注:学生自由两两组合,组建友谊小组,一人拿筐,一人投球,两人之间保持规定距离,1分钟内,进球最多的小组获胜。) (2) 开始游戏,交流感受。 (3) 总结:只有两人团结一致,互相配合,才能取得最后的胜利。	懂规则 会合作
设计友情心愿单	1. 制作友情心愿单。 (关注:选择彩纸、水彩笔等工具,画一画本班中自己最想要交的朋友,可以画出他的特点,写上他的名字。) 2. 我想和你交朋友:大声说出你想要认识的朋友。 (关注:学生大声说出自己想要交的朋友的名字,并将心愿单送给这位同学,询问他是否愿意与自己交朋友。) 3. 友谊丰收榜。 　同学们数一数,自己拿到了几张"友情心愿单"? 4. 评选"友谊人气王",交流感受。 5. 总结:收获友谊真是件特别幸福的事,同学们平时可以多与周围的伙伴交流互动,交更多的好朋友。	勤劳动 有主见

活动方案 --

"我为班级添光彩"

第二周   **小队出场秀**   活动设计：陈秀华

活动主题：小队出场秀		活动对象：一年级学生	活动时长：2课时

目标：
1. 通过同伴合作，发现同学的优点，按照规则民主选举小队长，能认同和尊重自己的小伙伴。
2. 通过观看小蜜蜂logo，小组合作，选定队名和logo，能说出队名的意义。
3. 通过设计小队旗，用图画、文字、实物等来表达自己对小队集体的认识，初步形成对集体的归属感。

资源：1. PPT、小蜜蜂视频；2. 彩色卡纸、水彩笔、剪刀等。

活动任务	实 施 要 求	评价指标
小队集结号	1. 自由分组，小队集结。 （<u>关注</u>：学生自由组合，4～5人组成一个小队。） 2. 自我介绍，认识队员。 3. 民主投票，选拔队长。 交流：说说选他做队长的理由。	懂规则 负责任
队名响当当	1. 起队名。 小队成立了，赶紧给小队起一个响当当的名字吧！ (1) 交流起队名要求。 （<u>关注</u>：队名可以用队员们喜欢的事物，比如动物、水果、颜色等。） (2) 组内交流，选定队名。 2. 设计队标。 (1) 观看校园内小蜜蜂的图标视频。 (2) 组内讨论，设计小队logo。 （<u>关注</u>：logo可以与队名相匹配，用图文结合的方式绘制logo。） (3) 展示交流，优化logo。	有主见 会合作 懂规则
队旗我做主	1. 观看案例图片，交流队旗设计要素。 （<u>关注</u>：不同的队旗有着不同的底色、形状、队标和队名等。） 2. 组内交流，设计队旗。 3. 队旗分享会：展示队旗，评选特色队旗。	善学习 勤劳动 懂规则

成长的"坐标"——"小蜜蜂"综合活动设计

活动方案

"我为班级添光彩"

第三周　　　　　　　我的骄傲我的班　　　　　活动设计：陈秀华

活动主题：我的骄傲我的班	活动对象：一年级学生	活动时长：2课时

目标：

1. 填充班级荣誉墙，学唱校歌，增强班级荣誉感。

2. 通过做广播操、团队游戏，体验每个人都是集体的一分子，初步养成集体荣誉感。

3. 通过班牌、口号的设计，初步了解班级的特色，知道班级的重要性，增强对集体的认同感。

资源：《我可以》音频、广播操视频。

活动任务	实　施　要　求	评价指标
班级荣誉我知道	1. 班级荣誉我知道。 （1）交流：你知道的班级荣誉，并说说这些荣誉是怎么获得的。 （2）说一说：你曾为班级做过哪些贡献？ 2. 学唱校歌《我可以》。 （1）听一听音乐。 （2）读一读歌词，交流：你从歌词中了解到什么？ （3）学唱校歌。	负责任 有主见 善学习
集体试炼场	1. 观看广播操视频。 交流：看了视频，你有什么感受？ （关注：整队做到快、静、齐；踏步有力，摆臂到位；每个人都把广播操动作做到位，整个队伍看起来才整齐。） 2. 自由分组，广播操比赛。 3. 评选广播操优秀队伍。 4. 交流感受。 5. 总结：每个人都是团队的一员，我们要尽己所能，为团队争荣誉。	有主见 会合作
团体友谊赛	1. 团体友谊赛一：气球运杯子赛。 （1）观看游戏视频。 （2）交流游戏规则。 （关注：全班分成两个团体，每位成员嘴里含住一个气球，通过膨胀的气球带住纸杯，进行接力，比赛全程不能用手，率先完成接力的团体获得胜利。）	懂规则

094

续　表

活动任务	实　施　要　求	评价指标
团体友谊赛	（3）开始比赛，评选优胜团队。 2. 团体友谊赛二：魔力转圈圈。 （1）观看游戏视频。 （2）交流游戏规则。 （关注：全班分成两个团体。第一位队员将一定长度的布条缠在自己的腰上，快速往前跑，然后把布条快速地通过转圈的方式传递给自己的队友，在传递过程中不能用手。率先传递完布条的团队获得胜利。） （3）开始比赛，评选优胜团队。 3. 学生交流感受。 玩了两个团体友谊赛，请你说一说比赛的获胜秘诀。	
班牌诞生记	1. 班牌我设计。 （1）观看班牌，交流：你喜欢哪种班牌，为什么？ （2）交流：设计班牌时，要注意些什么呢？ （关注：可以创意设计班牌的形状，选择喜欢的字体、图案和颜色来设计班牌的内容。） （3）小组合作，创意设计。 2. 小组交流，评选最佳设计小组。 3. 总结：班级是我们的大家庭，让我们一起做棒棒的小朋友，为班级奉献自己的力量。	善学习 有主见 懂规则

------ 活动方案 ------

"我为班级添光彩"

第四周　　　　　　　**班级荣誉我守护**　　　　　　活动设计：陈秀华

活动主题：班级荣誉我守护	活动对象：一年级学生	活动时长：2课时
目标： 　1. 观察学校"五项全能"布告栏，了解学校"五项全能"行为规范评选要求，知道自己班级的行规情况，养成遵守行为规范的意识。 　2. 通过小组讨论，评选行规示范员，加深对行为规范的认知，树立学习好榜样。 　3. 唱唱跳跳《行规歌》，通过韵律及肢体动作，表达对行为规范的理解和认同。		
资源：视频《行规歌》、PPT。		

活动任务	实　施　要　求	评价指标
五项全能我知晓	1. 观看"五项全能"公示栏。 2. 学生交流。 "五项全能"是哪五项呢？我们班级的得分情况怎样？ 3. 了解"五项全能"考评标准。 (1) 听一听："五项全能"行为规范考评标准的录音。 (2) 画一画、写一写：我知晓的"五项全能"。 (关注：用图片、文字、思维导图等方式画画写写自己对"五项全能"的了解，包括：考评栏目、考评要求等。)	善学习 有主见
我为班级献一计	1. 优化班级"五项全能"金点子分享会。 你有什么好建议给自己的班级吗？ (关注：针对自己班级"五项全能"中的薄弱项目，通过设置小岗位、加强组长检查等方法提高班级行为规范得分或等级。) 2. 总结：同学们根据自己班级的实际情况，各出妙招，相信通过大家的智慧和努力，班级一定会更棒！	有主见
争做光荣小模范	1. 分析自我，班级交流。 (关注：全班交流，说一说自己做得好的地方、需要改进的地方和准备如何改进等。) 2. 夸夸同学，推选榜样。 (关注：小组讨论同学的优点并交流，评选出大家心目中的行为规范示范员，并说说选他的理由。) 3. 唱唱跳跳《行规歌》，行为规范心中记。 (1) 观看视频。 (2) 全班学唱《行规歌》。 4. 做做行规操。 (1) 观看行规操视频。 (2) 做行规操，交流感受。 5. 小结：同学们在玩玩、跳跳的轻松氛围中知道了行为规范的内容和重要性，相信大家都能够做一个遵守行为规范的好孩子。	负责任 懂规则 善学习

"慧生活"主题式综合活动课
二年级

"慧生活"主题式综合活动课：

二年级(第一学期)确立"校园环游记"的主题，分为第一周：洪小知多少；第二周：校园吉祥物；第三周：校园任我行；第四周：学校代言人。

二年级（第二学期）确立"校园心体验"的主题，分为第一周：老师我爱您；第二周：校园有缘人；第三周：岗位大不同；第四周：校园"微提案"。

二年级（第一学期）

主题：校园环游记

【主题简释】

以"环游"方式了解学校，建立对学校概貌的初步印象。利用新生的好奇心，把富有学校特色的"色块"映入学生的脑海。

"校园环游记"主题，由"洪小知多少""校园吉祥物""校园任我行""学校代言人"四组活动组成，旨在缩短从了解到争做小主人的距离。

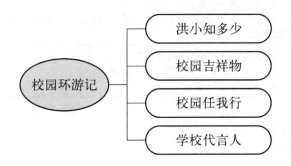

活动方案

"校园环游记"

第一周	洪小知多少	活动设计：金晓磊

活动主题：洪小知多少	活动对象：二年级学生	活动时长：2课时
目标： 　1. 通过参观校园，感受校园文化氛围，对校园形成初步的认识，建立自己与校园的联系。 　2. 通过评选校园中最美的一角，表达自己对校园的情感和喜爱。 　3. 通过绘画、学唱校歌，用艺术的形式表达对校园的热爱，形成对校园的归属感。		
资源：1. PPT、校歌音乐、校歌伴奏、校歌歌词；2. 白色画纸。		

续　表

活动任务	实　施　要　求	评价指标
洪小参观记	1. 出示校园导览图,选定参观路线。 （关注：遵循不走回头路原则,尽可能多地参观到校园中的标志性场所。） 2. 交流参观规则：在参观过程中,需要注意些什么呢? （1）学生交流。 （2）念一念规则小儿歌。 （关注：有序排队参观,参观过程中保持安静。） 3. 了解参观任务。 （1）出示参观任务：记住校园中令你印象最深刻的场所,回到教室后与同学交流。 （关注：说清楚这个场所在哪里? 有什么特点?） （2）学生交流。 （3）评选校园最美场所。	善学习 懂规则 有主见
妙笔画校园	1. 画一画：画出心中最美的校园一角。 2. 秀一秀：介绍画作,并说一说喜欢这校园一景的原因。 3. 评一评：小组讨论,进行互评。 （关注：小组之间互相评价,投票评选出一个"最美校园一景"的优胜者。）	勤劳动 会合作 有主见
歌声满校园	1. 欣赏音乐：校歌《我可以》。 2. 小组交流：从歌词中,你了解到了什么? 3. 学生学唱校歌。	善学习 会合作

活动方案

"校园环游记"

第二周　　　　　　　　　　校园吉祥物　　　　　　　活动设计：金晓磊

活动主题：校园吉祥物	活动对象：二年级学生	活动时长：2课时
目标： 　　1. 通过参观校园,寻找带有"小蜜蜂"元素的事物,初步形成对学校文化的认同。 　　2. 通过小组交流,体会学校"小蜜蜂"文化的精神内涵,初步形成对"小蜜蜂"文化的认同。 　　3. 通过绘画、泥塑等艺术形式,表达自己对"小蜜蜂"文化的认知,建立"小蜜蜂"文化与生活情境的联系。		
资源：1. PPT；2. 彩泥、白纸若干、颜料等。		

活动任务	实　施　要　求	评价指标
"小蜜蜂"寻找之旅	1. 寻找校园中的"小蜜蜂"。 交流参观规则：在寻找过程中,需要注意些什么呢? （关注：有序排队、文明合影、不破坏校园设施等。） 2. 与找到的"小蜜蜂"合影。	善学习 懂规则

续 表

活动任务	实 施 要 求	评价指标
"小蜜蜂"精神我知晓	1."小蜜蜂"精神分享会。 交流:"小蜜蜂"有什么精神品质? 2.听一听:洪庙小学"小蜜蜂"精神介绍。 3.选一选:勾选"小蜜蜂"的精神品质。	会合作 有主见 善学习
畅想"小蜜蜂"周边品	1.观看"小蜜蜂"衍生产品图片。 (关注:出示学生学习和生活中常见的"小蜜蜂"衍生品,如杯子、铅笔、尺子、帽子等。) 2.听一听:"小蜜蜂爱心伞"的由来。 3.分组讨论,学生交流:还可以制作哪些"小蜜蜂"的衍生产品呢?	善学习 有主见
制作"小蜜蜂"衍生品	小小设计师。 (1)画一画:用画笔设计"小蜜蜂"衍生产品。 (2)秀一秀:谁愿意带着他的作品来介绍一下呢? (3)评一评:学生互评,优化作品。 (关注:学生之间互相点评,并根据他人的意见适当地修改自己的作品。) (4)DIY创意秀:学生动手制作"小蜜蜂"衍生产品。 (关注:为学生提供彩泥、铅画纸、颜料等材料。)	勤劳动 善学习 有主见

活动方案

"校园环游记"

第三周　　　　　　　　**校园任我行**　　　　　　活动设计:金晓磊

活动主题:校园任我行	活动对象:二年级学生	活动时长:2课时

目标:
　　1.通过参观校园场馆,尝试用自己的语言表达对校园场馆的认知,感受校园之美,形成对校园的认同。
　　2.通过观看视频,感受教职员工的辛劳,学会关心周围的人和事,关心尊重他人。
　　3.通过艺术的形式,积极发挥创造力与想象力,设计宣传标语,表达对校园的热爱。

资源:1.PPT;2.场馆负责人工作视频。

活动任务	实 施 要 求	评价指标
场馆初探秘	1.出示参观路线。 2.交流参观规则:回忆第一次活动中所提到的参观规则有哪些?	善学习

续　表

活动任务	实　施　要　求	评价指标
场馆初探秘	(1) 学生交流。 (2) 读一读规则小儿歌。 (关注：有序排队参观,参观过程中保持安静。) 3. 出发参观场馆。 4. 交流参观所得。 你对这个场馆有哪些了解? (关注：可以介绍场馆名称、里面的设施以及自己在这里曾参与过的活动等。)	懂规则
场馆连连看	1. 场馆连连看。 (1) 完成场馆图片与名称的连线。 (2) 全班交流。 2. 场馆大介绍：介绍你最喜欢的一个场馆。 (1) 小组内展示交流,评选组内最佳小导游。 (2) 选代表上台交流。 (3) 学生互评。 (关注：点评可以关注语言流利、发言自信、声音响亮、介绍内容有趣等。)	善学习 有主见 会合作
走近校园守护者	1. 认识场馆负责人。 (1) 播放场馆负责人工作视频。 (2) 学生交流：看了视频,说说你的感受。 (关注：场馆的负责人是谁? 他需要做哪些工作?) 2. 小组讨论并交流：我们可以为场馆负责人做些什么? (关注：遵守场馆制度,礼貌地向场馆负责人问好,帮助场馆负责人做力所能及的事。)	善学习 会合作

活动方案

"校园环游记"

第四周　　　　　　　　　　学校代言人　　　　　　　活动设计：金晓磊

活动主题：学校代言人	活动对象：二年级学生	活动时长：2课时
目标： 　1. 通过交流,分享自己参加过的校园活动,并形成对校园认同感。 　2. 通过绘制地图、设计参观路线,关注学校景物,表达对学校的热爱。 　3. 通过小组合作,介绍校园,表达对校园的热爱,养成文明礼貌、诚信待人的品质。		
资源：PPT。		

续 表

活动任务	实 施 要 求	评价指标
校园活动多	说一说:你参加过哪些校园活动? (关注:说清楚参与活动的时间、地点、内容等。)	有主见 懂规则
学做小导游	1. 绘制参观路线。 (1)案例学习:出示动物园参观路线图。 仔细观察,你有什么发现? (2)小组交流路线设计要点。 (3)全班交流。 (4)设计校园参观路线图。 ① 小组合作,设计路线图。 ② 小组代表上台交流。 ③ 评选最合理路线。 ④ 各小组优化、改进路线。 (关注:路线设计要点——参观景点不重复;参观路线合理、便捷;不走回头路;标明公用设施。) 2. 我是小导游:介绍校园景点。 (关注:小组合作,每位同学介绍校园参观路线图中的其中一个景点。)	善学习 有主见
我为学校做代言	1. 讨论:作为一名小导游,需要注意哪些礼仪? (关注:着装、礼貌、用语、仪态等。) 2. 小导游之初体验。 (1)学生小组合作,实地进行景点讲解。 (2)同学互评,选出明星导游小组。 (关注:评选标准包括导游礼仪及景点内容介绍,如介绍该景点的景观特色和同学们在该景点周围所开展的相关活动。) 3. 小导游之实地演练。 (关注:按照明星小组设计的参观路线,由明星小组的同学们当小导游,其他同学当游客,一起参观校园。)	善学习 负责任 会合作

二年级(第二学期)

主题：校园心体验

【主题简释】

以不同主题串起学生对学校教育的认同、对学习生活的认识、对学生角色的定位,为顺利成长打基础。

"校园心体验"主题,由"老师我爱您""校园有缘人""岗位大不同""校园'微提案'"四组活动组成,从不同维度让学生形成自我形象、新主人角色。

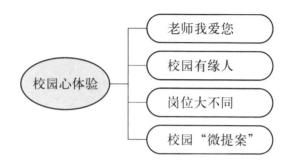

活动方案

"校园心体验"

| 第一周 | 老师我爱您 | 活动设计:金晓磊 |

| 活动主题:老师我爱您 | 活动对象:二年级学生 | 活动时长:2课时 |

目标:
    1.画一画并介绍自己最喜欢的老师,说说喜欢这位老师的理由,小组合作,汇总并形成心目中好老师的N条建议,表达自己对老师的认知与情感。
    2.通过小组讨论,探索与老师日常生活有关的事物,知道老师喜欢的东西,初步学会关心和尊重老师。
    3.观看视频,了解香皂的制作步骤,制作香皂并赠送给老师,愿意与老师交流,表达对老师的爱。

资源:1.香皂制作视频;2.香皂制作材料、白纸、便笺纸、倡议书等。

活动任务	实 施 要 求	评价指标
爱的肖像画	1.说一说:你最喜欢的老师长什么样子? 2.画一画:为你最喜欢的老师画一幅肖像画。 3.我心中的好老师。 (1)交流:心目中的好老师是什么样的? (<u>关注</u>:从教师的个人修养、专业技能、兴趣爱好等方面交流。) (2)写一写"好老师"倡议书。 (<u>关注</u>:通过全班交流,收集"好老师的N条建议",由班长写下来,形成"好老师"倡议书。)	善学习 会合作

续 表

活动任务	实 施 要 求	评价指标
爱的肖像画	（3）学生签名附议。 （4）与校长妈妈分享倡议。 （关注：班长把倡议书转交给校长妈妈，与校长妈妈分享心目中好老师的特点。）	
猜猜老师喜欢……	交流：老师最喜欢什么？ （关注：可以是实用类：笔芯、粉笔套等；感恩和祝福类：手工贺卡、真诚的祝福语等；表现类：好好学习，不让老师操心等。）	会合作 有主见
制作小礼物	1. 做一做：一起动手为老师们做一块香皂。 观看香皂制作视频。 小组讨论：制作香皂有哪些步骤和材料？ （关注：制作过程需要加热，注意安全使用仪器，规范操作。） 试一试：学生动手制作香皂。 2. 包装礼物。 （1）包一包：包装香皂。 （关注：领取材质、绳子等，根据香皂的大小制作创意礼品袋。） （2）写一写：在卡纸上写祝福语，放入包装袋中。 （3）秀一秀：展示作品，分享自己想要赠送给哪位老师，并说一说理由。	善学习 会合作 懂规则 勤劳动 有主见

活动方案

"校园心体验"

第二周　　　　　　　　　　校园有缘人　　　　　　活动设计：金晓磊

活动主题：校园有缘人	活动对象：二年级学生	活动时长：2课时
目标： 1. 通过了解交友卡的内容和意义，产生交友的意愿并选定自己想要交的朋友。 2. 能用图画、文字、语言等形式，自信表达自己的交友需求和对新朋友的想象。 3. 能够用个人小档案的形式表达对自己的认知。 4. 通过探索交友的规则，能礼貌地介绍自己，喜欢和同学沟通交往，学会控制情绪。		
资源：1. PPT；2. 交友卡一张、A4纸若干。		

续　表

活动任务	实　施　要　求	评价指标
寻找有缘人	1. 认识"交友卡"。 (1) 观看"交友卡"图片。 (2) 交流:"交友卡"中写了什么? (关注:"交友卡"信息包括班级、姓名、性别、长相特点、兴趣爱好、交友宣言等。) 2. 选定好朋友,摘取"交友卡"。 分享摘取"交友卡"的规则。 (关注:长廊里贴着很多交友卡,学生先认真查看"交友卡"上的信息,根据信息选择想要结交的朋友,摘取他的"交友卡",注意每位同学只能摘取一张"交友卡"。) 3. 分享"交友卡"信息。 说一说选择这张"交友卡"的原因。	懂规则 会合作
朋友大猜想	1. 我的朋友我来画。 (关注:根据"交友卡"信息,猜猜同学的样子,并画一画。) 2. 朋友,我想对你说。 (关注:把想要和"交友卡"中的同学交朋友的愿望,通过文字来表达。)	有主见
设计交友小档案	1. 观看小档案,交流档案内容。 谁来说一说,小档案中要写些什么? 画些什么呢? 2. 设计个人小档案。 (1) 学生创意设计。 (2) 集体交流,优化个人小档案。 (关注:档案中需要包括班级、姓名、联系方式,还可以画一画自画像,写一写自己的兴趣爱好、想要和他交朋友的原因等。) 3. 总结:同学们都会自己设计个性化的小档案,拿着你的小档案,去校园里寻找交友卡中的好朋友吧! 记得把你的小档案送给朋友,让他更了解你。	善学习 有主见
好友大搜寻	1. 交流:去寻找朋友,需要注意些什么? (关注:交友注意点——礼貌用语、合适的时间、待人真诚、友好交流等。) 2. 找一找:出发寻找"交友卡"中的朋友,把自己的小档案赠送给朋友。	有主见 会合作

活动方案

"校园心体验"

| 第三周 | 岗位大不同 | 活动设计：金晓磊 |

| 活动主题：岗位大不同 | 活动对象：二年级学生 | 活动时长：2 课时 |

目标：

　　1. 通过行走校园,边走边了解校园中的小岗位,交流并了解岗位职责,初步了解岗位的重要性。

　　2. 评选校园中最受欢迎的岗位,并开展岗位体验活动,初步养成劳动意识。

　　3. 能发现自己的优势,表达自己竞选岗位的想法,初步养成公平竞争的意识,并遵守公平竞争的规则。

资源：1. PPT;2. 全校包干区的安排表。

活动任务	实　施　要　求	评价指标
岗位大搜罗	1. 行走校园,找找岗位。 学校里具体有哪些岗位呢? 这些岗位都是干什么的呢? 2. 岗位连一连。 (关注：为相应岗位找到对应的职责,并且连一连。)	善学习 负责任 有主见
岗位乐体验	1. 明星岗位我来选。 在那么多校园小岗位中,你觉得最受欢迎的岗位是哪个呢? 为什么? 2. 明星岗位职责大揭秘。 (1) 投票选出明星岗位。 (2) 交流明星岗位基本职责。 (关注：说一说明星岗位的活动地点、岗位内容、岗位规范用语等。) 3. 明星岗位大体验。 (关注：体验岗位的工作流程、规范礼仪,交流体验岗位后的感受。)	善学习 懂规则 勤劳动
岗位竞选赛	1. 说一说：自己要竞选什么岗位。 (关注：说清楚竞选这个岗位的理由,可以从自身优势、对岗位的兴趣等方面进行介绍。) 2. 交流：竞选到这个岗位之后,你会怎么做? 3. 读一读儿歌《校园就是我们家》。 4. 总结：每个小朋友做好自己的校园小岗位,增强责任感,才能把小岗位越做越好。	有主见 负责任

活动方案

"校园心体验"

第四周　　　　　　　　　　校园"微提案"　　　　　　　活动设计：金晓磊

活动主题：校园"微提案"	活动对象：二年级学生	活动时长：2课时

目标：
　　1. 探索校园中存在的问题或可以改进的方面，愿意提出自己的想法，初步养成校园主人翁意识。
　　2. 通过挂号信比赛，了解送挂号信的方法；学习提案的基本格式，小组合作，用喜欢的方式撰写校园"微提案"，能自信地表达自己的需求、发现和想法。
　　3. 制作信封，投递"微提案"，初步形成对学校的归属感。

资源：1. PPT；2. 信、签字单、白纸等。

活动任务	实　施　要　求	评价指标
童眼看校园	1. 说一说：什么是"提案"？ 2. 头脑风暴：在校园中，是否碰到过不便利的地方，或者你发现校园中存在哪些问题？ 3. 总结：校园是我们温暖的家，我们要做一个会发现问题的小朋友，只有发现问题不断改进，才能让校园越来越温馨。	有主见 会合作
小提案大作用	1. 小组讨论，写写提案。 (1) 观看提案例子。 交流：提案中需要写到哪些内容？ （关注：提案包括：提案人、执行部门、问题描述、建议和复议人等。） (2) 小组合作写提案。 (3) 小组代表交流提案。 2. 评选最合理提案。 （关注：评选标准包括信息完整、表述清楚、建议合理等。）	善学习 会合作 有主见
投递提案	1. 宣读最佳提案，民主复议。 2. 制作信封。 (1) 观察信封制作说明。 (2) 交流：说一说信封的制作步骤。 (3) 制作信封并美化。 (4) 交流展示，评选最美信封。 3. 投递提案。 (1) 交流收件部门。	善学习 勤劳动

活动任务	实 施 要 求	评价指标
投递提案	（2）整队出发，前往投递。 4.总结：学会发现问题，并大胆说出自己的想法，你们真是校园的小主人，相信校园会因大家的提案变得更美。	懂规则

"慧生活"主题式综合活动课
三年级

"慧生活"主题式综合活动课：

三年级(第一学期)确立"超级大家庭"的主题,分为第一周：幸福一家子；第二周：感恩心语；第三周：小鬼来当家；第四周：家庭环保行。

三年级(第二学期)确立"社区百事通"的主题,分为第一周：欢迎来我家；第二周：社区大漫游；第三周：文明小公民；第四周：公益大行动。

三年级(第一学期)

主题：超级大家庭

【主题简释】

家庭，是学生生活的基础、亲情的港湾、成长的摇篮。了解家庭的意义,明白作为家庭一分子的责任,懂得尊敬长辈的伦理。

"超级大家庭"主题,由"幸福一家子""感恩心语""小鬼来当家""家庭环保行"四组活动组成,获取家庭生活的真实体验。

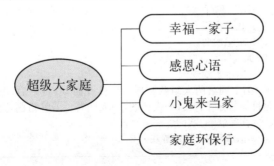

"超级大家庭"

第一周　　　　　　　　　　幸福一家子　　　　　　　活动设计：王丽华

活动主题：幸福一家子	活动对象：三年级学生	活动时长：2课时

目标：
1. 通过图片,交流自己的家庭成员,建立自己与家庭之间的联系。
2. 通过音乐、游戏、绘画等形式,理清家庭关系网,形成家庭归属感。
3. 通过图画、文字等形式,制作家庭纪念册,关爱家庭成员。

资源：1. 全家福图片；2. 绘制材料：纸、笔等；3. 视频《称呼歌》、击鼓传花音乐。

活动任务	实　施　要　求	评价指标
畅想全家福	1. 欣赏视频《彩虹的约定》。 (1) 播放视频歌曲。 (2) 交流：你从歌中感受到了什么？ 2. 看看"全家福",说说"全家福"。 (1) 观察卡通全家福图片。 (2) 说一说：你看到了什么？ 3. 比一比："小家庭"和"大家庭"。 (1) 出示照片：小型全家福(三口之家)和大型全家福(四代同堂的全家福)。 (2) 观察交流：同样是全家福,这两张照片有什么不同呢？ (<u>关注</u>：全家福可以是三口之家的合照,也可以是包括爷爷奶奶等祖辈在内的大家庭照。) 4. 畅想心目中的全家福。 (1) 交流：如果拍一张全家福,你希望照片里有谁？ (2) 交流讨论。	善学习 有主见
DIY家庭树	1. 学习《称呼歌》。 (1) 观看视频。 (2) 跟唱歌曲。 2. 抓阄问答称呼游戏。 (1) 出示游戏规则。 (<u>关注</u>：同桌两人组队开展击鼓传花游戏,传到后,抓阄抽题,题目都与称呼有关,一人读题,一人回答。若答错题,则同桌两人将《称呼歌》的歌词念一遍。) (2) 播放音乐,开始游戏。	善学习 懂规则

续　表

活动任务	实　施　要　求	评价指标
DIY 家庭树	3. 绘制家族关系图。 (1) 出示若干家族关系图样式(如思维导图式、表格式、图片式等)。 (2) 观察图片,交流分享:你喜欢怎么样的家族关系图,为什么? (3) 绘制并展示家族关系图。	
制作温馨纪念册	1. 家庭纪念日分享会。 (1) 小组交流:在和亲人相处的日子里,你觉得最难忘的日子是哪一天呢? (2) 推选最佳发言人。 2. 心灵手巧做册子:制作家庭纪念册。 (1) 探究家庭纪念册的元素。 (关注:可以有日历的元素,标注出家庭的重要纪念日,如每个人的生日等,提倡加入插画、祝福语等内容。) (2) 下发制作材料(各色 A4 卡纸)。 (3) 绘制家庭纪念册。 (4) 交流评价。 (关注:先小组内分享,再推选出一名代表进行班级交流,最后评选出最优家庭纪念册;鼓励其他同学优化自己的家庭纪念册。) 3. 总结:让我们牢记每一个重要的日子,让生活充满仪式感,用爱给家庭添温暖。	有主见 会合作 负责任

--------- 活动方案 ---------

"超级大家庭"

第二周　　　　　　　　**感恩心语**　　　　　活动设计:王丽华

活动主题:感恩心语	活动对象:三年级学生	活动时长:2 课时
目标: 1. 通过视频音乐,体会父母为自己的付出,感受父母对自己的爱。 2. 通过实践体验,为父母做力所能及的事,表达对父母的爱。		
资源:1. 视频:《当你老了》《听我说谢谢你》;2. "法布尔"当季蔬菜。		

续　表

活动任务	实　施　要　求	评价指标
唱出心中爱	1. 欣赏视频,交流感受。 欣赏视频《当你老了》,说一说:通过视频,你看到了什么?感受到了什么? 2. 感恩回忆录:回想父母为我做的事。 (1) 伴着音乐,写一写父母为我做的事。 (2) 小组分享交流。 3. 大声唱出心中爱:请你唱一首歌来表达对父母的爱。 (1) 指名唱歌。 (2) 学唱手语歌《听我说谢谢你》。 (关注:边唱边做手势,会做三个表达爱的关键手势,并了解该手势的含义。)	有主见 会合作
感恩行动派	1. 小组讨论:我们可以为父母做些什么? 2. 感恩行动一:学做自主星。 制订学习计划。 (关注:合理安排放学后和周末的时间,做自主学习的小学生,不让父母操心。) 3. 感恩行动二:言行也温暖。 你会对父母做哪些动作或说哪些话来表达你对父母的爱呢? 4. 感恩行动三:家务我来做。 (1) 交流:你会做哪些力所能及的家务为父母解忧呢? (2) 家务小体验之做美食:制作茄子丝。 (关注:小组合作,走进"法布尔",遵守"法布尔"实验室规则,摘取适量的茄子。) (3) 观看视频,交流制作茄子丝的方法。 (4) 制作并品尝茄子丝。 (关注:根据"法布尔"当季蔬菜进行食材的调整;制作过程注意个人卫生,与同学和老师分享所做的美食。) 5. 感恩行动四:暖心按摩师。 (1) 观看肩颈按摩视频。 (2) 交流:通过视频学习,你掌握了什么肩颈按摩的好方法?与谁来分享? (3) 小组合作,模拟按摩。 6. 总结:家是我们温馨的港湾,请同学们关注生活细节,做力所能及的事,表达对家人的感恩之情。	有主见 善学习 勤劳动 会合作

活动方案

"超级大家庭"

第三周　　　　　　　　小鬼来当家　　　　　活动设计：王丽华

活动主题：小鬼来当家	活动对象：三年级学生	活动时长：2课时

目标：
 1.通过交流、实践，发展自理能力，逐步养成爱劳动的好习惯，增强家庭责任感。
 2.通过调查、记录、计算等形式，小组合作模拟当家，建立与日常生活的联系，用自己的劳动表达对家人的爱。

资源：1.视频《我爱爸爸我爱妈妈》《清洗内衣和袜子》；2.洗晒工具。

活动任务	实　施　要　求	评价指标
制定小当家计划	1.观看视频，制订当家计划。 （1）欣赏视频《我爱爸爸我爱妈妈》。 〔关注：孩子从呱呱坠地到逐渐长大，成长的点滴都凝聚了父母对孩子的爱，孩子用歌声表达对父母的感恩之情。〕 （2）交流：通过视频，你感受到了什么？你能为家庭做些什么？ （3）设计"小当家"计划并分享。 2.做一做家务劳动。 （1）观看洗内衣和袜子的视频。 （2）排一排：将洗衣、洗袜步骤进行排序。 （3）实践操作，清洗晾晒。 （4）交流感受。	有主见 勤劳动
我是小当家	1.小调查：爸爸妈妈爱吃什么？ 2."小鬼当家"行动。 （1）交流买菜步骤。 〔关注：四人自由组合，到农贸市场询问菜名、单价并做好记录，15分钟内收集信息最多最全的小组获胜。〕 （2）分享行前规则。 〔关注：遵守交通规则，注意安全，礼貌询价。〕 （3）明确分工，组队活动。 （4）分享小组询价单，评选最优小组。 3.菜品搭配，模拟当家。 （1）讲解规则，小组讨论。 〔关注：每个小组用100元模拟资金，根据前期在菜场探究的菜品及单价，设计三口之家一顿晚餐的菜品。〕	会合作 懂规则 负责任

111

续　表

活动任务	实　施　要　求	评价指标
我是小当家	（2）"我家晚餐"发布会。 （关注：做到物美价廉，荤素搭配，菜量适宜，能够考虑家庭成员的喜好及营养需求。） 4. 总结：我们都是家庭的小主人，希望同学们能够爱生活、爱家庭，做力所能及的事，成为当之无愧的小当家。	有主见

活动方案

"超级大家庭"

第四周　　　　　　　　　　家庭环保行　　　　　　　活动设计：王丽华

活动主题：家庭环保行	活动对象：三年级学生	活动时长：2课时

目标：
　　1. 通过游戏，体会环保的重要性，建立自己与日常生活的联系，提高环保意识。
　　2. 通过设计、测量、剪裁等方式，制作环保布袋，逐渐形成环保意识，具有环保行为。
　　3. 通过文字、图片等形式，畅想环保金点子，积极参与环保行动。

资源：1. 环保飞行棋海报；2. 制作环保袋材料：旧衣物、针线等；3. 视频《环保布袋制作》《环保搭档》。

活动任务	实　施　要　求	评价指标
体验环保飞行棋	1. 出示图片，交流普通飞行棋的游戏规则。 2. 体验环保飞行棋。 （1）出示环保飞行棋海报。 （2）交流环保飞行棋游戏规则。 （关注：掷骰、行走的方式与普通飞行棋一样，但格子中有情境格，如果是节约行为就能抽奖励牌；如果是浪费行为就得抽惩罚牌。） （3）玩一玩：小组玩环保飞行棋。 （4）讨论交流：通过环保飞行棋游戏，你有什么收获？	懂规则 会合作 负责任
制作环保作品秀	1. 环保行为大搜罗。 （1）交流：说一说你知道的环保行为。 （2）环保变变变。 画画写写：旧报纸、旧衣服、不用的杯子等可以用来做什么呢？	善学习 有主见

活动任务	实 施 要 求	评价指标
制作环保作品秀	2. DIY 环保布袋。 (1) 欣赏环保布袋图片。 (2) 观看制作环保布袋的视频。 (3) 交流制作方法及注意事项。 (4) 动手实践,设计环保布袋。 (关注:提醒学生带好旧衣物,设计过程中提倡自制装饰品美化布袋;与同学分享交换所带的旧衣物。) (5) 作品分享会,评选最佳创意奖。	勤劳动
畅想环保金点子	1. 欣赏视频《环保搭档》。 视频中,人们有哪些环保的奇思妙想? 2. 畅想环保金点子。 (1) 画画写写:畅想环保金点子。 (2) 金点子发布会。 3. 总结:让我们为保护环境尽自己的一份力量,努力成为一名环保小卫士吧!	善学习 有主见

三年级(第二学期)

主题:社区百事通

【主题简释】

社区,是学生认识社会的第一对象,也是融入社会的行动起始。充分利用、挖掘社区资源,为学生接触社会、参与社区事务进行有效铺垫。

"社区百事通"主题,由"欢迎来我家""社区大漫游""文明小公民""公益大行动"四组活动组成,在学习中提升对参与社区事务的认识。

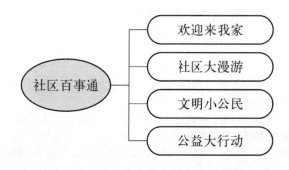

活动方案

"社区百事通"

第一周	欢迎来我家	活动设计：王丽华

活动主题：欢迎来我家	活动对象：三年级学生	活动时长：2课时

目标：

1. 画一画从家出发到学校的路线,探索与日常上学密切相关的最优路线,用自己喜欢的方式表达对上学路线的认知。

2. 关注上学路上周围的环境,能清楚地辨认方向,知道上学路上可能存在的安全隐患,有自我保护的意识。

3. 通过情景模拟,学习去朋友家要注意的事项,与朋友友好相处,学做文明小客人。

资源：1. 画路线图纸、笔若干；2. 视频：《上学歌》《家有儿女》片段；3. Yes 和 No 牌。

活动任务	实 施 要 求	评价指标
绘制私家地图秀	1. 欣赏动画视频《上学歌》。 交流：你上学的心情是怎么样的？早上一般是谁送你上学的呢？ 2. 观看学校"法布尔"实践基地航拍图。 (1) 寻找出从木实谷到避风塘的最短路线。 (2) 画出最短路线。 (3) 选一选：一份清晰、易懂的路线图应该包括哪些内容？ (关注：路线图应包括方位、起点和终点、沿途标志性建筑物、体现路程长短的线条和体现路线方向的箭头等。) 3. 绘制"从家到学校"的路线图。 (1) 交流：自己"从家到学校"一路的风景。 (2) 尝试绘制"从家到学校"路线图。 (3) 标注路线中可能存在的安全隐患。 (4) 交流最优路线,说明理由。 (关注：最佳路线,不仅要考虑距离近,更要考虑路途中的安全因素。)	善学习 有主见
争做礼仪小标兵	1. 出示情景：周五放学时,小明邀请好朋友小程和小谷周六十点到他家去参加生日派对。 2. 判断对错：收到邀请后,小程和小谷应该怎么做呢？请你判断以下行为是否正确。	有主见

续　表

活动任务	实　施　要　求	评价指标
争做礼仪小标兵	（1）立刻答应邀请。 （2）了解好朋友家的地址。 （3）我就是去同学家玩一会儿，不用告诉父母。 （4）跟父母清楚说明：去谁家、几点去、去干什么、几点回家等。 （5）将朋友父母的联系方式告诉父母。 3. 交流：去朋友家，需要注意什么？ （关注：去朋友家，除了要征得父母同意，还要向父母报备：去谁家、几点去、去干什么、几点回家等，还可以把朋友父母的联系方式告诉自己的父母。） 4. 学做客礼仪。 （1）播放《家有儿女》做客视频片段。 （2）小组讨论：作为客人，我们应该怎么做？ （关注：四人一组，互相交流，将组内成员认为正确的做客行为写在便利贴上。） （3）举牌游戏：组长逐条交流完成的便贴纸，其他小组举Yes 或 No 手牌判断该行为的对错。 5. 总结：我们到他人家中做客时，要注意自己的言行举止，对朋友的招待要表达感谢，回家前记得和朋友的家人礼貌道别哦！	懂规则 会合作

活动方案

"社区百事通"

第二周 　　　　　　　　社区大漫游　　　　　　活动设计：王丽华

活动主题：社区大漫游	活动对象：三年级学生	活动时长：2 课时
目标： 　　1. 徒步认识洪庙社区的公共服务设施，学会关注周围的社区环境，积极参与社区生活，感受社会的发展。 　　2. 用制作游戏棋的形式，表达自己对社区的认知，善于和同伴合作，理解并遵守游戏的规则。		
资源：1. PPT；2. A3 卡纸、彩笔、骰子。		

续 表

活动任务	实 施 要 求	评价指标
漫游社区我最爱	1. 介绍居住地,认识社区。 (1) 交流讨论:你家住在哪里? 属于哪个社区? (2) 社区好伙伴:在班级中找一找同一社区的同学。 (3) 交流:看到这么多同学和你住在同一社区,高兴吗? 平时你们会在社区中一起玩耍吗? 2. "社区公共服务设施"智多星。 (1) 观看社区公共服务设施的图片。 (2) 抢答:说出图片中的服务设施名称及功能。 3. 徒步实践行。 (1) 交流:洪庙社区的公共服务设施有哪些? (2) 规划徒步路线。 (关注:从洪庙小学出发,经过卫生所、邮电局、派出所、菜场、居委会、超市,再回到学校。) (3) 交流外出参观规则。 (4) 整队出发,徒步实践。 (关注:学生通过看一看、问一问,探询公共服务设施的功能,了解公共服务设施的标识性特征。) 4. 公共设施深入体验:超市购物谁最行。 (1) 交流讨论:我们出门到超市采购,应该怎么做呢? (关注:根据自己要采购的物品,寻找摆放物品的区域,依次拿好物品后到收银台进行结算。) (2) 逛超市,画一画超市区域分布图。 (3) 根据采购清单,模拟采购。	善学习 懂规则 有主见
手绘社区强手棋	1. 交流徒步感受。 看了那么多公共服务设施,你了解到了什么? (关注:可以介绍社区公共服务设施的种类,给人们带来的便利等。) 2. 设计社区强手棋。 (1) 观看普通强手棋。 强手棋中包含哪些内容? (2) 设计洪庙社区强手棋。 (关注:确定起点和终点;画出沿途的社区服务设施标识性特征;在路线中设置情景格,如不乱丢垃圾——前进 1 格,乱穿马路——后退 1 格等。) (3) 自由组队,合作设计。 (4) 社区强手棋大展台。 (关注:展示自己小组的社区强手棋,向同学们介绍该强手棋的特色,包括设计了哪些社区服务设施、设置了哪些社区生活化情境等。) (5) 评选社区强手棋最佳创意奖。	善学习 有主见 会合作

活动方案

"社区百事通"

第三周　　　　　　　　　**文明小公民**　　　　　　　活动设计：王丽华

活动主题：文明小公民	活动对象：三年级学生	活动时长：2课时

目标：

　　1. 比较新旧"七不"规范,感悟行为规范是与时俱进的;探索与日常生活密切相关的行为规范,能用自己喜欢的方式表达对社会基本行为规范的认知。

　　2. 愿意尝试自己的想法,表达自己的想象,学会制作宣传标志。

　　3. 理解并遵守社会基本行为规范,到幼儿园宣传新"七不"规范,初步养成社会责任意识。

资源：1. PPT;2.《新"七不"规范》宣传片;3. 设计宣传标志的材料。

活动任务	实　施　要　求	评价指标
变换公民角色	1. 观看《新"七不"规范》宣传片。 你看到了什么? 有什么感受吗? 2. 比一比：新旧"七不"规范。 同桌共读,交流：你觉得新旧"七不"规范有什么共同点和不同点吗? (关注：新旧"七不"规范有规范人们言行的作用,新"七不"规范与时俱进,针对当下人们可能存在的不良行为提出了新要求。) 3. 社区任意门。 (1) 交流游戏规则。 (关注：学生掷骰子,不同数字对应着不同的场景,例如电影院、公交车、图书馆、超市等。学生根据场景,说一说在这个场景中需要注意什么。) (2) 学生掷骰,分享交流。 4. 收集文明小贴士。 (关注：小组合作,交流不同场景中应该做到的文明行为,完成文明小贴纸表格,包括场景地点和文明行为。)	有主见 负责任
宣传小使者	1. 设计宣传标志。 (1) 观看标志案例。 (2) 交流：你觉得标志中需要包含哪些内容? (关注：标志一般有个边框,如圆形、三角形等;中间有形象的图案或者文字;有的标志上面有条斜杠或者有个叉,表示不允许做图片中的内容;不同标志的颜色也不一样。) (3) 小组合作,设计标志。 (关注：选择新旧"七不"规范中的一条内容,设计相对应的宣传标志。)	善学习

续　表

活动任务	实　施　要　求	评价指标
宣传小使者	(4) 交流展示,评选最佳标志。 2. 外出宣传"七不"规范。 (1) 交流外出规则。 (2) 班内模拟宣传。 (关注:小组合作,同学之间互相宣传,注意礼仪、动作、语音语貌等。) (3) 走进社区,开展宣传。 3. 总结:让我们做文明的小公民,用自己的嘉言懿行为社区添光彩。	勤劳动 懂规则 负责任

> 活动方案

"社区百事通"

第四周　　　　　　　　　公益大行动　　　　　　　活动设计:王丽华

活动主题:公益大行动	活动对象:三年级学生	活动时长:2课时

目标:
1. 积极参与社区劳动,有志愿服务的意识和行为。
2. 初步养成志愿劳动精神,能与同伴合作互助,提高公益服务的能力。

资源:1. PPT;2. 劳动工具:抹布、扫帚、水桶等。

活动任务	实　施　要　求	评价指标
传递公益正能量	1. 公益服务知多少。 (1) 交流:你以往参加过的社会实践活动有哪些? (2) 选一选:哪些社会实践属于公益服务活动? (关注:在参观爱国主义教育基地、社区义卖活动、打扫老年活动室、蚯蚓塔行动、桃花节赏桃花等内容中选出公益服务活动。) (3) 小组讨论:什么是公益服务? (关注:公益服务是直接服务于公益事业,不取报酬的劳动。) 2. 公益光荣墙。 (1) 交流:社区是我们生活的大家庭,我们能为社区做点什么? (2) 画画写写:我的公益事迹。 (关注:用画一画、写一写的方式,在"公益光荣事迹单"上罗列自己曾经参加过的公益活动。)	善学习 会合作

活动任务	实 施 要 求	评价指标
传递公益正能量	（3）公益光荣秀。 （关注：学生展示"公益光荣事迹单"并介绍自己曾经参加过的公益活动，评选班级公益大使，将"公益光荣事迹单"贴到班级荣誉榜墙面上。）	
公益天使行动队	1. 公益行动，服务社会。 （1）交流外出实践行规及安全教育。 （2）组内分工，领取公益服务工具。 （关注：组内选举小组长，明确各成员公益服务内容，如扫地、擦瓷砖、捡垃圾等，领取相对应的工具。） （3）整队出发，开展公益服务。 （关注：根据天气情况，组织学生到社区居民游乐健身设施或居委会老年活动中心等地进行大扫除。） 2. 分享公益服务活动感受。 3. 总结：让我们从现在做起，从身边做起，从小事做起，用自己的公益行动，服务社区、服务居民，为创建整洁、温馨的社区家园奉献自己的力量。	懂规则 会合作 勤劳动 有主见

"慧生活"主题式综合活动课
四年级

"慧生活"主题式综合活动课：

四年级（第一学期）确立"职业超体验"的主题，分为第一周：职业博物馆；第二周：职业初体验；第三周：职业"魔术盒"；第四周：职业招聘会。

四年级（第二学期）确立"奉贤攻略"的主题，分为第一周：英雄照我心；第二周：红色心剧场；第三周：奉贤小百科；第四周：奉贤全攻略。

四年级（第一学期）

主题：职业超体验

【主题简释】

职业，是学生将来谋生立业的依从必需，是幸福人生的主动选择。职业生涯教育启蒙,小学阶段正当时。

"职业超体验"主题,由"职业博物馆""职业初体验""职业'魔术盒'""职业招聘会"四组活动组成,初步形成职业印象,萌生职业兴趣。

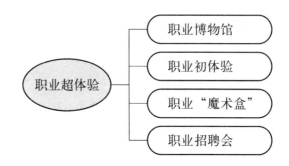

活动方案

"职业超体验"

第一周   **职业博物馆**   活动设计:徐佳

活动主题:职业博物馆	活动对象:四年级学生	活动时长:2课时
目标: 　1.通过游戏体验,了解社会上的不同职业的分工,体会每个职业都为社会做出了不同贡献。 　2.通过视频,感知每一个行业的存在意义,从而体会从事每个行业都能获得自身的价值。		
资源:1.PPT、视频;2.一箱矿泉水、数钞道具、平底锅、沙包。		

活动任务	实　施　要　求	评价指标
职业大调查	1.游戏"你演我猜"。 (1)观看不同职业的卡片(包括图片、名称)。 (2)一名学生抽卡片,并演一演该职业。 2.说说喜欢的职业。 (1)完成职业调查表。 (2)交流:你喜欢什么职业?为什么?你对这个职业有哪些了解?	懂规则 有主见 善学习

活动任务	实 施 要 求	评价指标
职业大调查	3. 职业大设想。 (1) 畅谈当今职业。 哪些职业没人愿意从事? 哪些职业很多人争着从事? (关注: 随着时代的发展, 有些职业正在消亡, 有些职业正在兴起, 并且成了就业的热门职业。) (2) 畅想职业发展。 如果大家都不愿意从事这一职业, 会怎样? 如果很多人争着从事同样的职业, 会怎样?	有主见
职业挑战赛	1. 第一关: 我是小小搬运工。 (1) 出示道具(一箱矿泉水), 讲解规则。 (2) 搬运货物, 选出"搬运小能手"。 (关注: 注重搬运速度的同时, 应关注上下楼梯的安全; 获得前六名的同学晋级到职业体验的第二关。) 2. 第二关: 我是银行小柜员。 (1) 出示道具(数钞道具), 讲解规则。 (2) 数钞比赛, 选出"数钞小能手"。 (关注: 数得快、数得准的同学获胜, 前三名进入第三关。) 3. 第三关: 我当一回小厨师。 (1) 出示道具(平底锅、沙包), 讲解规则。 (2) 平底锅颠沙包比赛, 选出"最佳小厨师"。 (关注: 在规定时间内用平底锅翻沙包次数最多者获得胜利, 如过程中将沙包颠落到地面, 则淘汰。) 4. 评选"职业全能手"。 (1) 颁发"职业全能手"荣誉勋章。 (2) 交流获奖感受。	懂规则 会合作
行行出状元	1. 观看视频片段: 北大毕业生开养猪场。 2. 学生交流。 你赞同这位大学生的做法吗? 为什么? (关注: 只播放视频的前半部分, 不播放养猪的结果。) 3. 继续观看, 交流体会。 从北大毕业生的故事中, 你知道了什么? (关注: 将视频播放完整, 看到北大毕业生猪猪的成功案例。) 4. 总结: 每一个人都可以用自己的智慧、知识、专业获得在某一行业(领域)的成功, 行行都能出状元。	善学习 有主见

"职业超体验"

第二周	职业初体验	活动设计：徐佳

活动主题：职业初体验	活动对象：四年级学生	活动时长：2课时

目标：

　　1.通过职业体验,感受劳动精神,热爱劳动,形成职业自尊。

　　2.掌握各项劳动技能,形成健康的人生观、价值观,树立自己的职业理想,提高服务社会意识等。

资源：PPT、视频、餐布、托盘、水杯、货架、条形码、毛豆、橙子、芹菜、芝麻或大蒜头。

活动任务	实 施 要 求	评价指标
体验服务员	1. 餐布叠叠乐。 (1) 说一说"餐布"的由来。 (2) 观看视频,交流：怎样才能叠出漂亮的餐布呢? (3) 叠餐布,作品展示。 2. 优雅托餐盘。 (1) 准备道具(托盘、水杯),分享如何举托盘。 (2) 分组练习托盘。 (<u>关注</u>：托着餐盘绕操场一周,力求走得又快又稳。) (3) 评选托盘达人,交流经验。 3. 模拟记菜单。 讲解规则并模拟记菜单。 (<u>关注</u>：记菜单时,尽量满足顾客需求,要记得又快又准确,提倡学生根据已有经验,为客户提供点菜的参考意见。) 4. 评选"最佳服务员"。	善学习 有主见 会合作 懂规则 勤劳动
体验超市营业员	1. 小小货架整理员。 (1) 进行商品分类。 (2) 摆放商品。 (<u>关注</u>：将滞销物品放在显眼处;两件可搭配使用的物品,如百洁布和洗洁精可放在较近的位置。) 2. 扫描录入条形码。 (<u>关注</u>：扫物品条形码并统计物品数量。) 3. 模拟购物,计算物品总价。	善学习 有主见 勤劳动 懂规则 会合作

续 表

活动任务	实 施 要 求	评价指标
体验小小配菜工	走进食堂,体验配菜。 (1) 交流去食堂配菜的规则。 (2) 小组合作,做好配菜准备工作。 (关注:根据时令,来选择配菜准备工作的内容,如,9 月剥毛豆,10 月剥橙子,11 月摘芹菜叶子,12 月剥大蒜头或捣芝麻。) (3) 交流配菜准备工作心得。 (关注:配菜时需要高效、有序地完成配菜准备工作,并且及时清理桌面。)	善学习 懂规则 会合作 有主见 负责任

活动方案

"职业超体验"

第三周   **职业"魔术盒"**   活动设计:徐佳

活动主题:职业"魔术盒"	活动对象:四年级学生	活动时长:2 课时

目标:
1. 通过表格、文字的形式,了解职业的变迁,体会社会职业的发展。
2. 通过视频、图片等,感受科技的发展与社会的进步,并形成自主学习的意识。
3. 通过实践体验,认识新生职业,学会建立职业发展与社会的联系。

资源:1. PPT、视频;2. 道具:快递箱。

活动任务	实 施 要 求	评价指标
探索职业变迁	1. 古今职业有不同。 (1) 填一填:"古今职业有不同"大调查。 (关注:古今职业在职业名称、所用工具、工作场地等方面有所不同,例如:医生、老师、会计等。) (2) 分享交流。 2. 总结:随着时代的发展,有些职业是必不可少的,但生产环境、生产工具发生了变化,职业也在随之改变。	善学习 有主见 会合作
发现消亡职业	1. 发现新兴科技:物流公司的"小黄人"。 (1) 观看视频,交流感受。 (2) 发现已经消亡的职业。 那么随着社会的发展,你们觉得哪些职业已经消失了或者正在面临消失呢?	有主见

活动任务	实　施　要　求	评价指标
发现消亡职业	小结：飞速发展的科技,代替了许多机械的人工服务。 2. 坐上时光机器：消失的街头叫卖。 (1) 看一看：大街小巷沿街叫卖冰棍的人们照片。 (2) 小调查：为什么再也没有沿街叫卖冰棍的人了呢? (关注：可以通过网络检索、询问教师、同伴交流的方式开展调查,调查结果以思维导图、表格或图片等方式呈现。) (3) 小组交流。 3. 小小预言家。 现在请大家化身小小预言家,大胆设想哪些职业会消亡,为什么?	善学习
体验新生职业	1. 新生职业大盘点。 有的职业正在消失,也有的职业正在兴起。当今社会,都有哪些新生职业呢? 2. 新生职业体验记。 (1) 网络主播秀：观看李佳琦、薇娅直播视频,进行模仿秀。 (2) 体验送快递/送外卖：根据要求,派送快递。 (关注：提取快递单中的信息,将快递派送给学校门卫、保洁阿姨等,并取得签收单;派送过程注意最短路线、礼貌用语等。) 3. 总结：随着时代的发展,新型职业层出不穷。同学们需努力学习,不断提升自己,长大后才能拥有更广阔的职业选择权。	善学习 有主见 懂规则 会合作 负责任

-------- 活动方案

"职业超体验"

第四周　　　　　　　　　　**职业招聘会**　　　　　　活动设计：徐佳

活动主题：职业招聘会	活动对象：四年级学生	活动时长：2 课时
目标： 　1.通过撰写简历,形成自我认知,对自己未来的职业有初步的规划。 　2.通过判断、交流,理解并遵守面试礼仪,并能做到文明礼貌,自信表达。 　3.情景模拟面试,体验求职的过程,初步形成社会规则意识。			
资源：1. PPT、视频;2. 道具：1~10 号号码牌、计分举牌、打分单。			

续 表

活动任务	实 施 要 求	评价指标
制作简历	1. 观察简历。 观察这份简历模板,说一说简历的元素有哪些? (关注:要素包括——姓名、民族、出生年月、性别、自画像、家庭地址、所读学校、应聘岗位、毕业学校、特长、所获荣誉等。) 2. 设计简历。 (1) 交流想从事的职业。 (2) 设计个性化简历。 (关注:设计中应包含简历要素,凸显自身优势,并美化简历。) (3) 简历展示分享会。 (4) 评选最佳简历,优化自己的简历。	善学习 有主见
面试礼仪	1. 合适的着装。 (1) 看图片,选一选:选择适合面试的服装,并说说理由。 (关注:面试时,需着正装,规范穿搭配,如衬衫塞进裤子里、搭配合适的皮鞋等。) (2) 穿一穿:正装秀,组内互评。 2. 得体的动作。 (1) 观看面试视频。 (2) 交流面试注意事项。 (关注:面试时需注意礼节——准时准点、敲门、主动问好、告别,等。) 3. 自信的言语。 (1) 准备自我介绍。 (2) 交流自我介绍。 4. 才艺展示。 (1) 准备才艺表演、特长展示。 (2) 才艺展示。	善学习 有主见
模拟面试	1. 角色分工,模拟面试。 (1) 交流面试规则。 (2) 领取角色道具。(打分表、举分牌、面试人员号码牌等。) 2. 模拟面试环节。 (1) 按序号进行面试。 (2) 突发情景考验。 (关注:设置突发情景,如面试间内地板上有一张纸屑;敲面试房间的门却没人回应等。) (3) 公布面试录取名单,"面试官"说说理由。 (关注:"面试官"根据简历、自我介绍、礼仪表现、专业回答、情景应变、才艺展示等方面对面试者进行评价。)	善学习 懂规则 会合作 有主见 负责任

四年级(第二学期)

主题：奉贤攻略
【主题简释】

了解当地历史，认识本地资源，探知属地风情，为学生打开认识外部世界之窗提供观察方式。

"奉贤攻略"主题，由"英雄照我心""红色心剧场""奉贤小百科""奉贤全攻略"四组活动组成，让学生在虚实结合中增长知识、增强自豪、增添自信。

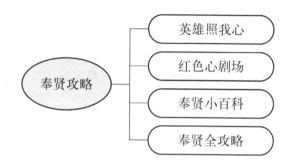

------ 活动方案 ------

"奉贤攻略"

第一周   英雄照我心   活动设计：徐佳　朱莉

活动主题：英雄照我心	活动对象：四年级学生	活动时长：2课时
目标： 　　1. 查阅资料，了解革命烈士的英勇事迹，能够与同学分享自己所找到的故事，初步养成崇尚英雄的情感。 　　2. 在制作纸花的过程中，提高动手能力，表达对烈士的崇敬之情。 　　3. 能了解并遵守外出参观的秩序，在参观李主一烈士纪念碑和曙光中学烘炉馆活动中，能够用自己喜欢的方式，进行观察记录，初步养成爱国主义精神。		
资源：1. PPT、视频；2. 道具：纸、麻绳、剪刀。		

续　表

活动任务	实　施　要　求	评价指标
读红色图画册	1. 看看读读：红色图画册。 (1) 交流革命烈士的故事。 (2) 看图说英雄。 　　看图,补全画册中英雄人物的姓名,说一说他们的英勇事迹。 (关注：图片出示学生较为熟悉的英雄,如王二小、董存瑞等。) 2. 读一读校史,交流对李主一烈士的了解。	善学习 有主见
折纸花献英雄	1. 观看纸花制作视频。 　　今天我们要做的是小白花,让我们寄情于花,表达对李主一烈士的哀思。 2. 交流制作步骤。 3. 伴随音乐,制作纸花。 (关注：小组合作裁剪白色皱纸,做到节约用纸、注意裁剪安全;制作完成后收拾桌面,保持干净整洁。)	善学习 勤劳动 会合作
参观、祭奠	1. 交流参观规则。 (关注：安静有序,整齐排队,祭奠过程中保持肃静等。) 2. 祭奠李主一烈士。 (1) 听介绍词：李主一烈士生平事迹。 (2) 默哀。 (3) 献白色纸花。 3. 参观曙光中学烘炉馆。 4. 整队回校。 (关注：教师清点学生人数,整队回校,行进过程有序、安静。)	懂规则 善学习
曙光印象	1. 填一填"曙光印象"观察记录表。 (关注：记录到曙光中学祭扫李主一烈士,参观烘炉馆过程中的所见所闻及感悟。) 2. 分享交流。 3. 总结：无数革命先烈为了祖国的安定,献出了宝贵的生命。他们将永远留在我们心中,激励我们成长!	善学习 有主见

活动方案

"奉贤攻略"

第二周 红色心剧场 活动设计：徐佳 朱莉

活动主题：红色心剧场	活动对象：四年级学生	活动时长：2课时

目标：
　　1.通过和同学分享自己喜欢的英雄故事,激发对英雄人物的崇敬之情,初步养成民族自尊心。
　　2.通过观看《小兵张嘎》电影片段,探究剧本要素;能与同伴合作创编剧本,初步养成集体意识。
　　3.通过演绎英雄故事,能够用语言、表情、动作等自信地表达对剧本的理解,体会英勇无畏的爱国之情。

资源：1.《小兵张嘎》视频、PPT;2.文稿：三个革命故事。

活动任务	实　施　要　求	评价指标
英雄故事会	1.挑选故事,同桌分享。 (<u>关注</u>：给学生提供刘胡兰、王二小、雨来的故事文本,学生可挑选自己喜欢的故事读一读,并和同桌分享感受。) 2.班级内交流。 谁来说一说你喜欢哪个故事,为什么? 3.自由组合,成立英雄会故事组。 (<u>关注</u>：喜欢同一个故事的学生,自由组合成小组。)	善学习
创编剧本	1.观看影片《小兵张嘎》。 你觉得影片和老师所给的故事,有什么不一样吗? 2.分享交流,探究剧本要素。 (<u>关注</u>：将故事和影片进行对比,探究剧本的要素,包括旁白、语言、动作、道具等。) 3.根据英雄故事,创编剧本。 (1)小组交流,完成创编。 (2)分工合作,剧本彩排。 (<u>关注</u>：以小组为单位,将自己所选的故事进行重组,创编人物的语言、动作等;挑选适合自己的角色,进行排练,要求人人参与。)	善学习 有主见 会合作
红色舞台剧	1.交流观看表演的规则。 我们看其他同学表演时,要注意什么? 2.分组上台,故事演绎。 3.评选最佳演员、最佳编剧小组。 (1)学生交流：说一说你觉得哪一组最棒? (2)投票表决。 (3)颁发奖状。 (<u>关注</u>：从旁白、语言、表情、道具等方面进行评价。)	懂规则 会合作

活动方案

"奉贤攻略"

第三周　　　　　　　　　奉贤小百科　　　　　　　活动设计：徐佳　朱莉

活动主题：奉贤小百科	活动对象：四年级学生	活动时长：2课时

目标：

1. 观看视频，了解奉贤的特色及发展历程，感受奉贤的历史和社会发展的成果，养成民族自豪感和自信心。

2. 设计"南上海之珠——奉贤"的思维导图，多角度描绘心中的奉贤，感受奉贤日新月异的变化。

3. 通过学习扎染、跳滚灯舞、风筝制作，感受和体验奉贤的传统文化，初步形成对奉贤的归属感。

资源：1. 介绍奉贤视频、PPT；2. 皮影制作材料包(三月)；滚灯材料包(四月)；风筝材料包、颜料、墨汁、毛笔(五月)。

活动任务	实 施 要 求	评价指标
图解大奉贤	1. 观看《东方美谷》视频并交流。 2. 设计"南上海之珠——奉贤"思维导图。 (1) 观看思维导图，小组讨论：思维导图中包含了哪些内容？ (关注：思维导图一般由中心主题、分支主题、关联线、关键词、配色和配图组成。) (2) 小组合作，设计思维导图。 (关注：可以从奉贤的过去和现在的变化来绘制，也可以从奉贤人民的衣食住行、奉贤特色等角度来绘制。) 3. 作品展示，分享交流。	善学习 有主见 会合作
一起学"非遗"	非遗项目一：皮影戏。 1. 观看皮影戏视频。 2. 填一填："皮影戏知多少"表格。 (关注：填写皮影戏的起源地、制作材料、表演形式和古今演变等。) 3. 制作皮影人物。 (1) 小组合作，领取材料包。 (关注：提供《年的故事》《武松打虎》《三打白骨精》三个皮影材料包，小组内商量并选定剧本，组内成员选定自己要扮演的人物，领取相应材料。)	会合作

活动任务	实　施　要　求	评价指标
一起学"非遗"	（2）读读说明书，制作皮影人物。 4. 表演皮影戏。 （1）排练皮影戏。 （关注：根据小组内选定的剧目，进行组内排练，注重皮影人物的动作、语言等。） （2）皮影剧场：小组合作，表演皮影。 （3）评选"最佳表演"奖。 非遗项目二：滚灯。 1. 观看滚灯视频，走近滚灯。 通过视频，你了解到了什么？ （关注：滚灯的由来、制作工艺及艺术表演形式等。） 2. 体验滚灯舞蹈。 （1）教师示范滚灯动作。 （2）学生体验滚灯舞。 （关注：学生之间隔开一定的距离，注意滚灯过程中的安全性。） （3）伴随音乐，全班齐跳滚灯舞。 非遗项目三：风筝。 1. 看图片，认识海湾风筝放飞基地。 2. 认识风筝。 （1）观看视频，交流：你对风筝有哪些了解？ （关注：风筝的起源、飞行原理及用处。） （2）探究奉贤风筝的与众不同。 ① 读读"非遗"知识卡片。 ② 学生交流。 3. 制作风筝。 （1）下发材料包。 （2）小组研读说明书。 （3）分工画风筝面（彩绘）。 （4）搭建骨架，合成风筝。 （5）作品展示，评选"最佳创意奖"。 4. 快乐放风筝。 （1）交流放飞时的注意事项。 （关注：放风筝时，注意在操场空旷区域放飞，小组成员合作，轮流放风筝。） （2）交流放风筝体会：如何将风筝放得又高又远？ （关注：根据时令、天气等因素，选择不同的非遗项目开展活动。）	善学习 懂规则 勤劳动 会合作

"奉贤攻略"

第四周　　　　　　　　　**奉贤全攻略**　　　　　　活动设计：徐佳　朱莉

活动主题：奉贤全攻略	活动对象：四年级学生	活动时长：2课时

目标：

　　1. 通过交流"代表奉贤发展的地标性建筑和景点",感受奉贤的发展,形成对奉贤的归属感,热爱奉贤,为自己是新奉贤人感到自豪。

　　2. 通过观看手账,探究制作手账的要素;收集与奉贤旅游相关的信息,初步养成信息检索的能力。

　　3. 能与同伴合作,愿意尝试自己的想法,能用图画、文字、数字、表格等创造性地设计奉贤一日游的旅游攻略,制作手账。

资源：1. PPT;2. 材料：纸、彩笔、便利贴、打孔机、剪刀。

活动任务	实　施　要　求	评价指标
奉贤特色图鉴	1. 走进奉贤：线上打卡奉贤地标。 （关注：观看视频,开启奉贤地标云参观,包括美人鱼广场、泡泡公园、上海之鱼等。） 2. 奉贤地标知多少。 交流：你知道奉贤还有什么有意思的地方吗? 3. 奉贤地标连连看。 （关注：请将地标和图片的名称进行配对,并且连一连,如九棵树未来艺术中心、奉贤博物馆、古华公园、贤园、吴房村、上海之鱼等。） 4. 探索奉贤美食榜。 你知道奉贤有哪些特色美食吗?	善学习
探究手账	观看图片,认识手账。 大家想不想去打卡奉贤特色地标和美食呢? 那就先来做一做旅游手账吧! （1）观看手账图片。 （2）交流：手账上面要画些什么呢? （关注：手账基本要素包括景点、交通路线、饮食等。）	善学习 有主见
制作手账	1. 选择地标景点,规划路线。 2. 收集地标景点资料,提取信息。 （关注：通过教师提供的资料、网络检索、翻阅书籍等,寻找奉贤地标景点的相关信息,提取、摘录自己感兴趣的内容。） 3. 小组合作,制作手账。	有主见 会合作

续　表

活动任务	实　施　要　求	评价指标
制作手账	（关注：可以按照不同的景点来分工，也可以按照美食、人文等内容来分工制作。） 4. 手账分享会，评选最佳手账。	负责任

"慧生活"主题式综合活动课
五年级

"慧生活"主题式综合活动课：

五年级（第一学期）确立"玩转大上海"的主题，分为第一周：舌尖上的上海；第二周：上海"人"&"物"；第三周：上海小游客；第四周：畅想上海未来。

五年级（第二学期）确立"我的中国心"的主题，分为第一周：礼赞大中华；第二周：家乡代言人；第三周：民族一家亲；第四周：中国之"最"。

五年级（第一学期）

主题：玩转大上海

【主题简释】

玩转，学生喜闻乐见。在"吃喝玩乐"中认识上海城市风貌，感受大都市的魅力，为学生热爱、融入上海"玩"出味道。

"玩转大上海"主题，由"舌尖上的上海""上海'人'&'物'""上海小游客""畅想上海未来"四组活动组成，从多角度感知上海的代表性人物与风情，激发热爱上海的豪情。

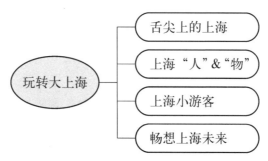

活动方案

"玩转大上海"

| 第一周 | 舌尖上的上海 | 活动设计：张嘉敏 |

活动主题：舌尖上的上海	活动对象：五年级学生	活动时长：2课时

目标：

　　1. 通过观看视频、图片等,了解上海的特色美食,增强对上海的认同感与热爱。

　　2. 通过实践制作,体验传统美食的发展历程,增强民族自信心和自豪感。

　　3. 通过观看视频、情境辩论,感受上海饮食文化的历史,体会上海品质,热爱上海。

资源：1. PPT、粢饭团制作视频、来伊份故事视频;2. 粢饭团制作材料：米饭、保鲜膜、肉松、榨菜、竹帘、模具;3. 粽子糖。

活动任务	实　施　要　求	评价指标
品尝上海好滋味	1. 探寻上海美食。 (1) 品尝上海特产——粽子糖。 (2) 交流：除了粽子糖,你知道上海还有哪些传统美食吗? (3) "美食、地名"对对碰。 你知道这些美食的产地吗? 请完成美食和地名填空。 (关注：介绍上海地图,将美食图片与各区相对应,如奉贤——腐乳、崇明——崇明糕等。) 2. 美食小当家：制作粢饭团。 (1) 观看粢饭团制作视频。 (2) 小组讨论,交流：制作粢饭团需要哪些食材? 如何制作? (关注：食材的多样性,可以发挥自己的创意;制作过程注意个人卫生,关注食品安全。) (3) 自由分组,制作创意粢饭团。 (4) 展示交流,分享品尝。 (关注：建议每位同学现场品尝一个粢饭团,用保鲜袋装好一个粢饭团,带给其他同学或老师分享。)	善学习 会合作 懂规则 有主见 勤劳动
寻味金字招牌	1. 认识百年老字号。 (1) 出示老店匾额,交流：你认识这些百年老店吗? (2) 观看"杏花楼"视频,交流感受。 (关注：百年老店传承了传统的工艺和店铺的精神,随着时代的发展,它也在与时俱进。)	善学习

续　表

活动任务	实　施　要　求	评价指标
寻味金字招牌	2. 小小设计师:小组合作,为百年老店设计广告语。 3. 老店今日。 (1) 观看视频:来伊份的故事。 (2) 交流感想。 小结:老店在传承中革新,在创新中发展,每一个老店背后都深藏着动人的奋斗史,值得我们学习。	会合作
寻觅网红店铺	1. 搜罗网红美食店铺。 (1) 出示网红店铺图片,线上参观。 (2) 学生交流感想。 你觉得什么是网红美食店?如果让你去其中一家用餐,你会挑选哪家呢?为什么? (关注:网红美食店铺都有着高人气,它们有的追求个性,有的物美价廉,有的传承经典,也有的追求精致等。) 2. 我为店铺来支招。 (1) 出示情境:"阿大"葱油饼店面临拆迁,这可怎么办呢? (2) 交流妙招。 小结:上海是一座海纳百川的城市,这里有各地的特色美食!通过探寻舌尖美味,相信每位同学对上海有了新的认识,更加喜欢上海!	有主见 负责任

活动方案

"玩转大上海"

第二周　　　　　　上海"人"&"物"　　　　　　活动设计:张嘉敏

活动主题:上海"人"&"物"	活动对象:五年级学生	活动时长:2课时
目标: 1. 通过信息检索,感受上海的发展历史,逐步增强民族自信心和自豪感。 2. 通过游戏抢答等,感受上海社会发展的成果,逐步增强民族自信心和自豪感。 3. 通过电子集册制作,学会小组合作,激发对上海的热爱。		
资源:1. PPT;2. 材料:名人卡片、建筑物抢答题。		

续 表

活动任务	实 施 要 求	评价指标
走进名人堂	1. 检索小达人：收集名人信息。 （1）用电脑检索上海古往今来的名人。 （关注：可以是作家、画家、科学家、音乐家、舞蹈家和运动员等。） （2）记录搜索成果。 （3）分组交流搜索成果。 （关注：组内派一名代表汇总成员所交流的上海名人。） （4）线上浏览并补充。 （关注：对学生的搜索成果进行总结，并进行适当补充，便于学生认识更多上海各个领域的名人。） 2. 我演你猜。 （1）介绍规则。 （关注：一位学生抽卡片，用动作或语言进行表达，其余同学猜名人的姓名。） （2）开始游戏。	善学习 会合作 懂规则 有主见
走进建筑博物馆	1. 线上打卡上海地标。 （1）观看三张上海地标图片。 （2）交流名称及建筑特点。 2. 检索上海名建筑。 （1）检索上海名建筑并记录。 （2）学生交流：建筑的名称、特点、样子等。 3. 游戏抢答：上海建筑物百事通。 （关注：出示与建筑物相关的题目，如上海最高的建筑是什么？学生举手抢答。评选"上海建筑物百事通"。）	善学习 有主见 会合作 懂规则
制作精美集册页	1. 上海"人"&"物"集册设计师。 （1）小组选择名人或著名建筑物，制作电子集册。 （关注：名人册可包括名字、出生年月、生平事迹和杰出贡献等；建筑册可包括名称、所在地点、落成日、设计师和建筑特点等。） （2）成员分工做集册，每人完成一页。 （3）合并集页，完成集册制作。 2. 展示集册，分享交流。 3. 互相学习，优化集册。 4. 总结：上海是一座有文化底蕴的国际化大都市，有兴趣的同学可以利用周末时间，继续检索、了解上海的人或物，相信你会对上海有更深入的了解。	有主见 负责任 会合作 善学习

"玩转大上海"

| 第三周 | 上海小游客 | 活动设计：张嘉敏 |

活动主题：上海小游客	活动对象：五年级学生	活动时长：2课时

目标：

1. 积极参与上海外滩社会实践活动,遵守社会基本行为规范,初步形成公民意识,增强民族自信心和自豪感。

2. 通过参观外滩,感受外滩的车水马龙,感悟时代的发展成果,进一步激发对上海的热爱。

资源：学习单。

活动任务	实 施 要 求	评价指标
交流外滩初印象	1. 小游客守则：交流参观纪律。 （关注：参观过程做到有序排队、安静参观,适当地记录所见所闻。） 2. 交流：你知道哪些上海的旅游景点？ 3. 出示外滩图片,分享交流。 你去过外滩吗？你对外滩有哪些了解？	懂规则 善学习
探寻外滩关键词	1. 参观"万国建筑群"。 （1）写写画画：记录令你印象深刻的建筑。 （关注：学生用思维导图、表格等方式记录建筑物名称、建筑物风格等。） （2）交流建筑物"关键词"。 说说你喜欢的建筑物的特点。 （关注：给建筑物找找关键词,例如亚细亚大楼——外滩第一楼；和平饭店——新潮与复古的融合。） 2. 参观外滩其他美景。 （关注：眺望陆家嘴、观赏黄浦江风景、移步外白渡桥。） 3. 合影留念。 4. 畅想并交流未来的上海建筑。	善学习 懂规则 有主见 负责任

活动方案

"玩转大上海"

第四周   畅想上海未来   活动设计：张嘉敏

活动主题：畅想上海未来	活动对象：五年级学生	活动时长：2课时

目标：
1. 通过挑战赛,自信地表达自己的需求和对未来职业的想象。
2. 通过图片、文字等形式,自信地表达对上海未来的想象,初步养成民族自尊心和自豪感。

资源：PPT、《上海 100—17 集　画家袁益敏》《上海 100—35 集　蓝调四人行》视频。

活动任务	实　施　要　求	评价指标
我想成为……	1. 观看《上海 100》视频。 交流：你有什么感受? (关注：播放《上海 100—17 集　画家袁益敏》《上海 100—35 集　蓝调四人行》这两集。) 2. "未来的我"职业挑战赛。 (1) 游戏规则。 (关注：学生选择自己喜欢的职业,出示该职业的挑战任务,学生阅读任务并进行挑战。) (2) 选定职业,游戏挑战。 (3) 交流感想。 3. 小结：通过"未来的我"职业挑战赛,同学们进行了一番职业初体验,看来要做好一个职业可不容易,我们要学习的还有很多。	善学习 懂规则 有主见
我为城市绘蓝图	1. 城市畅想家：创作《未来的上海》。 (1) 创作《未来的上海》。 未来的上海是怎样的呢?请你发挥想象,画一画、写一写。 (2) 作品展示,全班交流。 (3) 学生互评。 (关注：从作品的构图、文字说明、小作者的讲解等方面进行综合评价。) 2. 小结：从同学们的画中,我们感受到了大家对未来上海的期许,也感受到了你们对上海这座城市的认同与热爱!	有主见 善学习 负责任

五年级(第二学期)

主题：我的中国心

【主题简释】

中国,是精神的源泉,是实体的盛大,是内涵的富有。让爱祖国的情感潜入学生心田,让学生在认识中国的博大中进行审美升华。

"我的中国心"主题,由"礼赞大中华""家乡代言人""民族一家亲""中国之'最'"四组活动组成,由点到面地赞叹祖国美、民族兴。

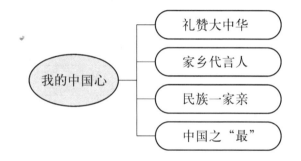

活动方案

"我的中国心"

第一周   **礼赞大中华**   *活动设计：张嘉敏*

活动主题：礼赞大中华	活动对象：五年级学生	活动时长：2课时
目标： 　　1. 通过观看《我和我的祖国》MV,学唱歌曲,感受祖国的文化和人民对祖国的热爱,初步养成民族自豪感。 　　2. 通过小组合作制作道具,培养合作能力,并以图画、语言、文字等形式表达自己对祖国的情感。 　　3. 能与同伴合作,通过 MV 拍摄中的创意表演,用现代化的工具记录和表达对祖国的热爱,初步形成国家认同感。		
资源：1.《我和我的祖国》MV、PPT；2. KT 板、彩色卡纸、彩色水笔、固体胶、剪刀；3. 小国旗。		

续 表

活动任务	实 施 要 求	评价指标
歌声献祖国	1. 观看《我和我的祖国》MV。 看了视频,你有什么感受? 2. 读一读歌词,交流:你最喜欢哪句歌词?为什么? 3. 学唱歌曲。	善学习 会合作
制作 MV 道具	1. 观看 MV 手举牌道具。 怎样的手举牌能够吸引你? 2. 创意道具师。 (1) 交流:你最想表达怎样的情感? (关注:内容积极向上,如我爱你中国、祖国繁荣昌盛、我最亲爱的祖国等。) (2) 小组合作,制作《我和我的祖国》MV 道具。 (关注:用水彩笔、彩纸、固体胶等画一画、剪一剪、贴一贴,制作造型各异、内容积极向上的爱国 MV 手举牌。) (3) 手举牌分享会,评选"最佳道具"。	有主见 会合作 勤劳动
拍摄 MV	1. 讨论取景点及演绎内容。 (关注:在校园特色景点处拍摄 MV,如在竞成石前,由男生独唱拉开序幕;在体育馆前,全体学生站在台阶上,边唱边挥动小国旗;在"小蜜蜂"花坛前,由三名女生边唱边挥动自制手举牌等。) 2. 自由组合,角色自荐。 (关注:选定四个校园场景,每个场景中的演员组成演绎小组,自荐角色,组内商定每位同学的角色。) 3. 小组合作,MV 彩排。 (关注:学生在教室内进行分场景彩排,为拍摄做好前期准备,组内成员互相点评,优化歌唱与动作。) 4. 拍摄《我和我的祖国》MV。 (关注:强调在任何一个场景拍摄中,其他小组成员须保持安静,做文明小观众。) 5. 欣赏视频,交流感受。	有主见 会合作 负责任 懂规则

活动方案

"我的中国心"

第二周   家乡代言人   活动设计:张嘉敏

活动主题:家乡代言人	活动对象:五年级学生	活动时长:2 课时
目标: 1. 通过拼地图活动,感受祖国的幅员辽阔,增强民族自尊心和自豪感。		

2. 通过介绍自己的家乡,初步了解家乡,并产生对家乡和祖国的认同感。

3. 通过为家乡设计海报,掌握设计海报的元素,提升艺术设计能力,表达对家乡的热爱。

资源:1. PPT;2. 中国地图的拼图;3. A4 纸、水彩笔等。

活动任务	实　施　要　求	评价指标
认识中国国土	1. 中国地图拼图大挑战。 (1) 交流拼图游戏规则。 (2) 自由分组,开始游戏。 (关注:学生自由组合,先将拼图打乱,听教师的指令开始游戏,先完成的小组获得胜利。) 2. 交流:你们组怎么能在这么短的时间内完成中国地图的拼图呢? 你们有什么好方法? (关注:组内成员分工明确,每位组员负责地图上其中一个区域的拼图内容;组内的成员对中国地图比较熟悉。) 3. "中国省级行政区"我知晓。 (1) 游戏"谁的眼睛亮":看拼图,找一找省级行政区。 (2) 游戏"方位辨一辨":读下列内容,判断对错。 题目: ① 广东省位于中国的南部。 ② 黑龙江省位于中国的东北面。 ③ 海南省位于中国的最南面。 ④ 重庆市毗邻四川省。 ⑤ 上海市在浙江省的南面。 (3) 游戏"省会小百科"抢答赛:阅读题目,并举手抢答。 题目: ① 四大直辖市是哪些城市? ② 五个自治区是哪五个? ③ 两个特别行政区是哪里? ④ 面积最大的省级行政区是哪里? ⑤ 面积最小的省级行政区是哪里? (4) 交流:同学们通过游戏,对中国国土有了进一步的认识,你有什么感受呢?	会合作 懂规则 有主见
介绍自己的家乡	1. 交流:你的家乡在地图中的哪个位置呢? 请你来指一指,说一说。 2. "我的家乡"分享会。 (关注:介绍自己的家乡,可以说一说家乡的名称、名胜古迹和美食特产等。) 3. 评选"我的家乡"王牌小导游。 (关注:学生互评,可以从介绍家乡的语音语貌,对家乡的了解等方面进行评价。)	善学习 有主见

续 表

活动任务	实 施 要 求	评价指标
设计家乡宣传海报	1. 观看海报,交流:海报中包含哪些内容? (关注:海报中应该包括主题、标语、内容、图片等。) 2. 设计家乡宣传海报。 3. 分享交流,评选优秀家乡海报设计师。	善学习 勤劳动 有主见

活动方案

"我的中国心"

第三周 　　　　　　　　　　民族一家亲 　　　　　　　　活动设计:张嘉敏

活动主题:民族一家亲	活动对象:五年级学生	活动时长:2课时

目标:

1. 观看视频《爱我中华》,学唱歌曲,感受祖国民族和文化的多样性,初步养成民族自豪感。

2. 通过调查,了解学校少数民族学生情况,尊重少数民族同学及少数民族文化。

3. 学习少数民族基本舞步,用艺术的形式表达对少数民族的热爱和尊重,养成民族自豪感。

资源:1. PPT、《爱我中华》视频、三种少数民族舞蹈视频;2. 调查报告。

活动任务	实 施 要 求	评价指标
了解五十六个民族	1. 民族大家庭:认识五十六个民族。 听录音,学唱民族顺口溜。 2. 找一找:学校里的少数民族同学。 (1) 交流:你知道我们学校里的哪些同学是少数民族吗? (2) 观看两位少数民族同学的自我介绍。 (3) 交流:通过他们的个人介绍,你了解到了什么? (关注:不用的民族有着不同的文化、语言和习俗等,每个民族都是中华大家庭的成员,各民族之间要相亲相爱,友好相处。) 3. 学唱歌曲《爱我中华》。 (1) 听音乐,读歌词:你从歌词中感受到什么? (2) 唱一唱歌曲。 4. 了解民族服饰。 (1) 看服装猜民族。 (2) 为校园吉祥物"小蜜蜂"换"新衣"。 (关注:为"小蜜蜂"吉祥物画上民族服装,交流。)	善学习 有主见

续　表

活动任务	实　施　要　求	评价指标
了解五十六个民族	5. 民族风俗连连看。 （1）出示规则。 （关注：观看民族风俗图片，同桌讨论，将风俗与对应的民族连一连。） （2）交流感受。 （关注：体验民族的多元化，尊重少数民族间的差异，感受中华民族是一个相亲相爱的大家庭。）	负责任
民族大调查	1. 收集信息，完成"洪庙小学少数民族大调查"。 （1）读一读学籍管理处提供的少数民族学生资料信息库。 （2）填写调查表。 （关注：找到少数民族学生的姓名、班级、性别和民族。） （3）信息检索，收集学校中少数民族同学们的民族风俗。 2. "洪庙小学少数民族大调查"分享会。 （关注：小组成员互相交流所收集到的关于学校里少数民族同学的相关信息，组内补充并完善信息。） 3. "民族一家亲"倡议。 （关注：根据不同民族的不同风俗习惯，提出各民族之间要互相尊重、互相关爱的倡议。）	善学习 会合作 有主见
舞动民族情	1. 你舞我猜。 （关注：一位学生做少数民族的代表性舞蹈动作，其他同学猜一猜是哪个民族的舞蹈。） 2. 民族舞初体验。 （1）观看少数民族舞蹈视频。 （2）学习基本舞步或动作。 （3）交流体会。 3. 总结：五十六个民族，五十六朵花；兄弟姐妹是一家，不分你我还有他。	懂规则 善学习

活动方案

"我的中国心"

第四周　　　　　　　　中国之"最"　　　　　　　　*活动设计：张嘉敏*

活动主题：中国之"最"	活动对象：五年级学生	活动时长：2课时
目标： 　　1. 通过信息检索的方式，收集并交流"中国之最"信息，增强民族自豪感和自信心。		

续 表

2. 小组合作,绘制"之最"肖像,完成"中国之最"的自白小报,用艺术的形式表达对祖国的热爱。

3. 同伴合作,介绍所做的小报,自信地表达自己的想法以及对祖国的认同和情感。

资源:1. PPT;2. A3 纸、水彩笔等。

活动任务	实 施 要 求	评价指标
探索"中国之最"	1. "中国之最"分享会。 中国最大的广场是什么广场? 中国最长的桥是什么桥? 中国最热的地方是哪里? 中国最高的楼在哪里? …… (关注:学生根据课前收集到的"中国之最"信息,通过你问我答的方式在组内分享。) 2. 抢答:"中国之最"知多少。 (1) 交流游戏规则。 (关注:教师提问,学生听清楚问题并举手抢答,最先举手的同学获得答题权,答对计一分,答错则其他同学可重新举手抢答。得分最多的同学,获得"知识智多星"称号。) (2) 开始游戏抢答。 (3) 评选"中国之最"智多星,交流获奖感言。	善学习 懂规则 有主见
介绍"中国之最"	1. 选择自己所要介绍的"中国之最"。 2. 绘制"肖像画",制作"中国之最"自白小报。 (关注:绘制"中国之最"的肖像,即画出它的样子,并将所画的"中国之最"想象成会说话的卡通人物,模仿它的语气编写生动的自我介绍。) 3. "中国之最"的自白交流。 (关注:交流时可根据"中国之最"的特征配上有趣生动的体态及声音;倾听的学生要做到基本的倾听礼仪。) 4. 评选"中国之最"最佳创意自白奖。	有主见 勤劳动 会合作 懂规则

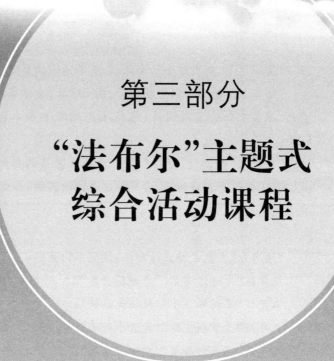

第三部分

"法布尔"主题式
综合活动课程

导 语

"法布尔",学生亲近自然、热爱自然的"真实发生"的体验场所。

"法布尔",学生感知客观世界、认知自然事物生长规律的沉浸园地。

"法布尔",具有洪庙小学办学特色的课堂教学与生活实践进行紧密联系的大历练平台。

"法布尔"主题式综合活动课程,有着清晰的界定。

"法布尔",借用法国博物学家、昆虫学家、文学家法布尔的真名,为学生探究自然、探索未知的实践园地,包括生态实验室和本课程冠名,内涵丰富,寓意深刻。

"法布尔"的创设,旨在引导学生关注身边的自然世界,参与观察、记录、游戏、实验、制作等实践活动,尝试解决身边的问题,养成热爱自然的情感和不断探究自然的兴趣。

"法布尔"主题式综合活动课,设置不同主题:

一年级"走进法布尔""奇妙花世界";

二年级"果树知多少""植物大放送";

三年级"本草研究所""青青小菜园";

四年级"昆虫智趣屋""空中有来客";

五年级"非常水密码""气象万花筒"。

"法布尔"主题式综合活动课,给予学生全面的关心:

满足学生对自然界的好奇与探知欲望:自然是学生的老师,灵感从自然中来,真知从探求中得,同自然结友,与自然同行。

开发学生对生活常识的认知与通晓思维:生活是学生的导师,经验从生活中获,认知在生活中成,与生活相处,向生活要能。

发展学生对真实崇尚的理念与规律遵从:科学是学生的明师,思辨在真实中就,认识从质疑中生,以科学为要,唯真理是从。

"法布尔"主题式综合活动课,具有鲜明深刻的特点:

体验性：凡举需亲力亲为，以获得一手感性知识为重，在过程的体验中感知真实的发生。

观察性：对实践对象均需建立在仔细观察、详细记录的基础上，培养对事物的观察态度及其习惯。

探究性：不以围观为肤浅，而以探究为重要，由表及里，由外入内，引导启发以探求真相、认识规律为目的。

获得性：在实验的探究中获得相应的自然科学知识；在探索自然的过程中获得具有生命意义的成长感悟。

发展性：通过实验室园地的纵向深度汲取自然科学知识，横向宽度摄取文化价值精神，为学生全面发展深耕细作。

"法布尔"主题式综合活动课
一年级

"法布尔"主题式综合活动课：

一年级（第一学期）确立走进"法布尔"的主题，分为第一周：周游"法布尔"；第二周：重游"法布尔"；第三周：东南与西北；第四周：金牌小导游。

一年级（第二学期）确立"奇妙花世界"的主题，分为第一周：花花校园；第二周：五"花"八门；第三周：时间花知道；第四周：花儿会说话。

一年级（第一学期）

主题：走进"法布尔"

【主题简释】

"法布尔"，学校办学特色，育人园地。让新生入学伊始就"围观""法布尔"，培养与"法布尔"亲密接触的情感。

"走进'法布尔'"主题，由"周游'法布尔'""重游'法布尔'""东南与西北""金牌小导游"四组活动组成，在参观与亲历中初识"法布尔"。

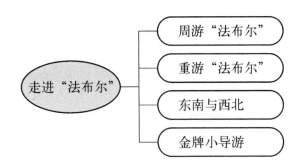

走进"法布尔"
├── 周游"法布尔"
├── 重游"法布尔"
├── 东南与西北
└── 金牌小导游

活动方案

走进"法布尔"

第一周　　　　　　　　　**周游"法布尔"**　　　　　　活动设计：王珠欢

活动主题：周游"法布尔"	活动对象：一年级学生	活动时长：2课时

目标：
　　1. 理解并遵守参观的规则,通过参观体验,认识"法布尔"的各个区域,爱护身边的动植物和自然环境。
　　2. 小组合作,会用感官进行观察,会对观察的结果做记录,对周围世界有强烈的好奇心。
　　3. 通过绘画、文字等形式,记录观察到的动植物,并简单表达对"法布尔"的热爱。

资源：1. PPT;2. Pad;3. 彩笔。

活动任务	实　施　要　求	评价指标
探讨参观"法布尔"规则	1. 谈谈"法布尔"初体验。 (1) 观看"法布尔"各区域的照片(河流、鸡鸭、菜园、果园等),你们看到了什么? 知道这是哪里吗? (2) 学生交流看到的画面。 2. 播放录音学规则。 我们一起去参观"法布尔"实验室,先看看参观"法布尔"生态实验室小贴士是什么。 3. 讨论参观"法布尔"的规则。 4. 出示行为表,做出判断。 现在老师要考考大家,根据刚才小贴士的提醒,请为小游客在"法布尔"生态实验室里的这些行为做出判断,合适的"√",不合适的打"×"。 (1) 自觉维护"法布尔"实验室的环境卫生,不随地吐痰。 (2) 将果皮扔进河流中给鱼类喂食。 (3) 在参观时,可以在植物和设施上涂写、刻画。	有主见 懂规则

续 表

活动任务	实 施 要 求	评价指标
探讨参观"法布尔"规则	(4) 保护花草树木,不攀折花木、不踩踏花坛和草坪。 (5) 当参观游客数量很多时,要有秩序地排队浏览。 (6) 垃圾不可随地乱扔,要分类投入垃圾桶内。 (7) 不在实验室内追逐打闹,以免发生危险。 (8) 看见自己感兴趣的事物时,可以和同学大声讨论感想。 (9) 在观察动植物时保持安静。 (10) 以正确的姿势观察动植物。 5. 初游"法布尔",巩固参观规则。	
寻宝游戏	1. 小组合作,自主探宝。 (关注:三人为一组,每组推选一名队长,在队长的带领下去"法布尔"寻宝;分工合作,一人负责拍照、一人拿任务单、一人负责观察,记住找到的动植物的大概位置,找到后拍下照片。) 2. 分享交流:大概在哪里看到了照片上的动植物?除了照片上的还看到了哪些动植物? 3. 小组活动表现比拼,评选出"最佳文明组"和"火眼金睛组"。	会合作 善学习 懂规则 有主见 负责任
画出"法布尔"初印象	1. 学生交流:在今天的游览过程中,你们都看到了哪些让你记忆深刻的东西呢? 2. "法布尔"小画家。 (1) 画一画:记录下你对"法布尔"的印象。(可以画"法布尔"的一角,也可以画印象深刻的花草或动物。) (2) 学生交流展示。 (3) 评选优秀作品并优化。 3. 学生交流参观"法布尔"体会。 4. 教师总结。 我们学校的"法布尔"可是一块深藏奥秘的神奇宝地。每一种动植物都有自己的特点,有兴趣的小朋友可以课后自己去观察,相信你会有更多有趣的发现!	有主见 善学习 负责任

---------- 活动方案 --

走进"法布尔"

第二周　　　　　　　　**重游"法布尔"**　　　　　活动设计:王珠欢

活动主题:重游"法布尔"	活动对象:一年级学生	活动时长:2课时
目标: 1. 复习并遵守参观规则,亲身感受开放实验室的美好,萌发喜爱"法布尔"的情感。		

2. 认识"法布尔"的地名,并说出每个区域的功能,形成关注周围事物的意识。

3. 小组合作,在寻找地名的活动中,初步体验与同伴友好相处和合作,对"法布尔"内的各个区域有一定的认知。

资源:PPT。

活动任务	实　施　要　求	评价指标
重游"法布尔"	1. 姓名大揭秘:介绍自己的名字,并说说自己名字有什么含义? 2. 找找"法布尔"实验室里各区域的地名。 3. 回顾参观"法布尔"规则。	善学习 懂规则
探寻区域地名	1. 小组活动,寻找地名标志。 (关注:五人一组,每组推选一名队长,在队长的带领下去找寻"法布尔"实验室中的地名标志,并把找到的地名勾选出来。) 2. 分享交流:"法布尔"实验室里的地名。 3. 认读区域名称。 (关注:课件播放各区域照片和地名。) 4. 探究区域功能。 (1)分享交流。 (关注:地名是根据不同的区域功能取名的。) (2)补缺区域地名。	会合作 善学习 懂规则 有主见
导览图里捉迷藏	1. 儿歌大放送。 (1)唱唱儿歌。 "法布尔"实验室里风景好, 由我给你来介绍, 木实谷里果树多, 昆虫旅馆住客多, 步耘坪里蔬菜多, 青菜萝卜样样有, 馨香苑中飘花香, 三味书径满创意, 阳光屋内好风采, 雁鸣小筑欢乐多, 竟成桥下细水流, 本草园里草药多, 避风塘边看风景, 欢迎大家来参观! (2)儿歌挑战赛。 (关注:比一比,看谁在最短时间内说出更多的地名和功能。) 2. 捉迷藏游戏。 (1)我说你猜。 (关注:教师说"法布尔"里的动植物,让学生猜一猜,它们在"法布尔"的哪个区域?) (2)连连看。 (关注:观察图片所显示的信息,选择正确的"法布尔"地名进行连线。) 3. 分享收获。	善学习

活动方案

走进"法布尔"

第三周   **东南与西北**   活动设计：王珠欢

活动主题：东南与西北	活动对象：一年级学生	活动时长：2课时

目标：

    1. 通过热身操，了解前后左右的方位，能在"法布尔"内辨别方向。

    2. 通过儿歌、实地观察、游戏来探索与方向有关的规律，并能用图画、语言、文字、动作等形式来表达对方向的认知。

资源：PPT。

活动任务	实 施 要 求	评价指标
游戏热身操	1. 听儿歌，学生做方位热身操。 2. 面对面做方位操（镜面）。 （<u>关注</u>：引导学生发现"方向不同，左右不同"。） 3. 圈出方位词。 向前点点头，向后指一指， 向左弯弯腰，向右拍拍手。 （前、后、左、右）	善学习
方位挑战赛	1. 初识东南西北。 (1) 出示儿歌，认识方位（包括东、南、西、北）。 (2) 吟唱儿歌。 2. 游戏：贴卡片。 根据儿歌，把东、南、西、北四个方向的卡片贴在教室相应的位置。 3. 游戏：捉迷藏。 交流教室中处在不同方位的物品，并记录下来。 4. 学习顺时针和逆时针。 (1) 听指令，换方向。 （<u>关注</u>：认识顺时针、逆时针。） (2) 画一画顺时针和逆时针。	善学习 有主见
实地生存战	1. 指一指。 （<u>关注</u>：学生在"法布尔"实验室站定后，指出四个方向。） 2. 游戏：看谁反应快。 （<u>关注</u>：根据老师报的方向，快速回答对应的方向名称，并将身体转到对应方向。） 3. 交流小结：东和西两个方向是相对的，南和北两个方向也是相对的。	善学习 懂规则

续　表

活动任务	实　施　要　求	评价指标
实地生存战	4. 说一说。 实地观察,说出两个地名之间的位置关系并填一填。 例如:(J)在(I)的(北)面 (　　)在(　　)的(　　)面 (　　)在(　　)的(　　)面 (　　)在(　　)的(　　)面 (　　)在(　　)的(　　)面 A 木实谷　　　B 昆虫旅馆　　C 步耘坪　　　D 馨香苑 E 三味书径　　F 阳光屋　　　G 雁鸣小筑　　H 竞成桥 I 本草园里　　J 避风塘 5. 小结:我们对"法布尔"的地理位置有了更深刻的了解,更加清楚"法布尔"两个区域之间的位置关系。	有主见

活动方案

走进"法布尔"

第四周　　　　　　　　　　金牌小导游　　　　　　　活动设计:王珠欢

活动主题:金牌小导游	活动对象:一年级学生	活动时长:2课时

目标:
　　1. 能仔细观察地图,了解不同图标的含义;在小导游带领下,有序参观"法布尔",具有保护身边的动植物和自然环境的意识和行为。
　　2. 能用图画、语言、文字等形式表达自己的设计想法,设计参观路线。
　　3. 能用语言表达自己的观点,愿意尝试自己的想法,善于思考,懂得尊重他人。

资源:PPT。

活动任务	实　施　要　求	评价指标
地图大揭秘	1. 回顾四个方位。 (关注:根据教师指令快速做动作,面向东面、南面、西面、北面。) 2. 认识地图上的要素。 (1)初识地图,学生交流:在哪里看到过地图,它们是什么样的? (2)观察地图,交流方位(出示一张动物园地图)。 (关注:地图上的东南西北叫作方向标,它规定了地图上面是北,下面是南,左边是西,右边是东。)	有主见

活动任务	实　施　要　求	评价指标
地图大揭秘	（3）观察景点地图,完成表格。 （关注：观察地图下方的说明来了解这些图例分别表示什么含义。） （4）分析路线设计。 （关注：组内交流按照建议的参观路线走的好处,不重复、不遗漏。）	会合作
路线设计师	1. 小组合作,设计并画出"法布尔"游览路线。 （关注：不重复、尽量不遗漏。） 2. 学生分享设计的路线并优化。 （关注：说清这样设计的理由。） 3. 评选最佳路线。 （关注：是否路线最短,并且能看到最多的风景。）	会合作 善学习 有主见 勤劳动 负责任
穿越"法布尔"	获评"最优路线"小导游组带领全体同学参观"法布尔",学生交流收获和体会。	懂规则

一年级(第二学期)

主题：奇妙花世界

【主题简释】

花,是大自然的慷慨馈赠,是色彩的世界。以花的变幻,培养学生认识色彩与观察细微的能力。

"奇妙花世界"主题,由"花花校园""五'花'八门""时间花知道""花儿会说话"四组活动组成,认识花的生长规律,感知花给人们带来的美好。

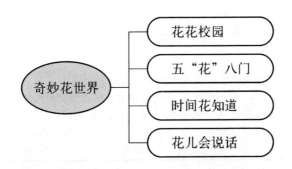

"奇妙花世界"

第一周　　　　　　　　　　**花花校园**　　　　　　活动设计：王珠欢

活动主题：花花校园	活动对象：一年级学生	活动时长：2课时

目标：

　　1. 通过实地探究，观察欣赏校园中的花，通过图画、语言、文字，丰富对花的认知。

　　2. 能用简单的工具进行观察记录，并对身边的花朵产生好奇心。

　　3. 学会小组合作，能用语言自信地描述观察到的校园中的花。

资源：1. PPT；2. 画板；3. Pad；4. 彩笔。

活动任务	实　施　要　求	评价指标
寻找花朋友	1. 欣赏图片并交流：花儿的不同。 （<u>关注</u>：颜色、形状、大小、开放时间等。） 2. 寻找校园中的花，记录并交流找到的花。 （<u>关注</u>：小组合作，五人为一组，每组推选一名队长，记录下花儿的颜色、形状、生长地点等特征。）	懂规则 负责任
慧眼识百花	使用"形色"软件识别花名。 （1）教师示范使用软件。 （<u>关注</u>：教师边操作边介绍"形色"软件。） （2）小组合作，利用"形色"软件定点识别并记录。 （<u>关注</u>：花的名称、科属、别名、花语、植物养护、植物价值、疑问等。） （3）交流汇报，提出自己感兴趣的问题。	善学习 会合作 有主见
花儿分享会	1. 小组合作，用喜欢的方式介绍探究所得。 （<u>关注</u>：可以用图画、语言等来描述所识别到的内容；每位成员都参与进来，成员有质疑、补充的权利。） 2. 评选优秀组。	会合作 善学习

"奇妙花世界"

第二周	五"花"八门	活动设计：王珠欢

活动主题：五"花"八门	活动对象：一年级学生	活动时长：2 课时

目标：
1. 通过观察身边的花朵，能提出自己感兴趣的问题，能用自己喜欢的方式表达自己的想象，能爱护花朵。
2. 能用感官和简单的工具进行观察记录，并能提出感兴趣的问题。
3. 根据主题，发挥想象，小组达成共识，相互配合，完成花瓣贴画，初步养成合作品质。

资源：1. PPT；2.《七色花》视频；3. 不同种类玫瑰花若干朵；4. 干花若干；5. 铅画纸；6. 彩笔；7. 胶水。

活动任务	实 施 要 求	评价指标
花瓣大揭秘	1. 观看绘本视频《七色花》，发现花的不同颜色。 2. 巩固参观"法布尔"的规则。 （<u>关注</u>：学生不喧哗、不奔跑、保护花草树木、遵守文明守则、有序排队、听从指挥等。） 3. 小组合作，探究校园中花的颜色和花瓣的形状，提出自己感兴趣的问题。 4. 交流分享并解疑。	善学习 懂规则 有主见
花瓣知多少	探究花瓣数量。 （1）小组合作，摘花瓣、观察花瓣。 （<u>关注</u>：四人为一组，明确分工，一人负责撕和数花瓣，一人负责观察、分类，一人负责收拾善后，一人负责数据记录并核对。） （2）分享交流，提出自己感兴趣的问题。 （<u>关注</u>：花的结构、花瓣层数、花瓣片数。）	会合作 勤劳动 善学习
花瓣魔法师	1. 欣赏创意花瓣贴画作品。 2. 小组合作，完成花瓣贴画。 （1）先画出图案轮廓。 （2）用干花、玫瑰花瓣拼出图案。 （3）展开想象，适当摆放，画一些装饰或场景。 （4）觉得画面满意后，用牙签蘸点胶水粘贴在白纸上固定好。 （<u>关注</u>：明确各自的制作任务；用牙签蘸点胶水即可，不要多涂；结束后将废弃物进行垃圾分类。） 3. 分享展示。	会合作 负责任 勤劳动

"奇妙花世界"

第三周　　　　　　　　　　**时间花知道**　　　　　　活动设计：王珠欢

活动主题：时间花知道	活动对象：一年级学生	活动时长：2 课时

目标：

　　1. 通过儿歌，了解不同季节的花，感受自然的美，表达自己对花的喜爱。

　　2. 通过游戏，了解不同时间开的花不同，能根据不同的要求进行分类，制作花儿月历卡，了解月历应该包含的元素，初步建立事物之间的联系。

　　3. 对花的世界产生强烈的好奇心，善于思考，喜欢提出问题，提出自己感兴趣的问题。

资源：1. PPT；2. 花花卡；3. 呼啦圈。

活动任务	实 施 要 求	评价指标
欢乐唱花名	1. 学唱《十二月花名歌》，思考：百花仙子是按照什么顺序来到人间的呢？ 　　正月山茶满盆开，二月迎春初开放； 　　三月桃花红十里，四月牡丹国色香； 　　五月石榴红似火，六月荷花满池塘； 　　七月茉莉花如雪，八月桂花满枝香； 　　九月菊花姿百态，十月芙蓉正上妆； 　　冬月水仙案头供，腊月寒梅斗冰霜。 （关注：正月指的是一月，冬月指十一月，腊月指十二月。3月—5月为春季，6月—8月为夏季，9月—11月为秋季，12月—2月为冬季。） 　　(1) 教师示范吟唱。 　　(2) 学生学唱儿歌。 　　(3) 大声喊出花儿名。 （关注：观看花花卡，根据拼音、文字以及对应图片说出花名。） 　　2. 根据喜好，每人选择三张花花卡，并说理由。 （关注：教师根据学生选择，分别分发花花卡，提醒学生记住自己选择的三张花花卡名称，接下来的游戏环节用到。）	善学习
花儿抱抱乐	1. 玩"花儿抱抱乐"游戏。 　　(1) 每位学生手里有三张花花卡。 　　(2) 体育场馆内分别有相应数量的呼啦圈。每个呼啦圈对应不同的信息（如第一轮 12 个呼啦圈对应十二种花；第二轮 12个呼啦圈对应十二个月份；第三轮 4 个呼啦圈对应四个季节。）	懂规则

活动任务	实 施 要 求	评价指标
花儿抱抱乐	（3）根据教师喊出的信息,有符合要求花花卡的学生站入对应呼啦圈内抱在一起,其余学生则在原地等待。 （4）选错的学生则淘汰直至下一轮游戏重新开始。 2. 游戏环节。 （1）第一轮：同类花。 （2）第二轮：月份和花。 （3）第三轮：季节和花。 （关注：遵守游戏规则,注意安全问题;游戏结束,归还器材。）	善学习 负责任
花历作品秀	1. 交流花朵开放的不同月份。 2. 制作花儿月历卡。 （1）欣赏月历,观察制作月历需要的元素。 （2）探究每月的天数知识。 （关注：拳记法。） （3）观看花儿图片、简笔画和 2021 年的年历。 （4）学生动手制作。	有主见 善学习 勤劳动

---- 活动方案

"奇妙花世界"

第四周　　　　　　　**花儿会说话**　　　　　　活动设计：王珠欢

活动主题：花儿会说话	活动对象：一年级学生	活动时长：2 课时
目标： 　1. 在不同情境中,初步感受人与花的联系,表达对自然的热爱。 　2. 能用自己喜欢的方式,运用花语,制作礼物,学习与人友好相处,做到文明礼貌。 　3. 回顾前几次活动所学,提出自己对花儿感兴趣的其他问题。		
资源：1. PPT;2. 彩色卡纸;3. 剪刀;4. 彩笔。		

活动任务	实 施 要 求	评价指标
花儿对你说	1. 谈话引入：最想赠予鲜花的人,并说说理由。 2. 欣赏常见花朵图片,解读花语。 （关注：康乃馨——妈妈,我爱您;迎春花——愿您长寿;水仙花——我很尊敬您……） 3. 花语抢答游戏,认识不同花语。	善学习

续 表

活动任务	实 施 要 求	评价指标
花儿送给你	1. 观看视频。 (关注：观看四种场景：教师节送花给老师，三八妇女节或母亲节送花给妈妈，清明节送花祭奠英雄或先祖和探望病人送花。) 2. 探究不同场合送花的注意事项。 (关注：选择什么花、有什么花语、该说什么话、有什么禁忌等。)	善学习
花儿代我心	1. 欣赏各种花的图片和简笔画。 2. 制作花语卡片。 (1) 确定送给谁。 (2) 根据自己喜好剪成不同形状(心形、花形等)，再将彩纸对折。 (3) 确定位置后，在封面画上花朵，写一写花名和花语。 (4) 在彩纸里面写上祝福的话语。 3. 收拾、整理。	勤劳动 负责任
花儿提问箱	1. 通过前几次活动，你还有其他对花儿感兴趣的问题吗？ 2. 课后通过问父母、网络搜索等途径探究问题，寻找答案。	有主见

"法布尔"主题式综合活动课
二年级

"法布尔"主题式综合活动课：

二年级(第一学期)确立"果树知多少"的主题，分为第一周：水果品尝会；第二周：环游探水果；第三周：探秘百果园；第四周：水果妙用多。

二年级(第二学期)确立"植物大放送"的主题，分为第一周：种子大玩家；第二周：小豆芽日记；第三周：叶子大不同；第四周：我给大树当裁缝。

二年级(第一学期)

主题：果树知多少

【主题简释】

果树，果实的母体，开花结果的精彩上演。教育也似果树的栽培，期望学生像果树那样开花结果。

"果树知多少"主题,由"水果品尝会""环游探水果""探秘百果园""水果妙用多"四组活动组成,用果实链串起一生的奉献,既有现实感,又有教育的寓意。

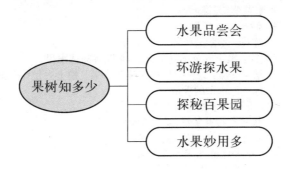

活动方案

"果树知多少"

第一周 **水果品尝会** 活动设计:顾韩意

活动主题:水果品尝会	活动对象:二年级学生	活动时长:2课时

目标:

　　1.通过感官,观察水果,探索与日常生活相关的事物。

　　2.通过实物、语言、文字等形式来表达自己对水果的感受和认知,具有初步的探究意识。

　　3.能用感官和简单的工具观察和测量水果,探索自己喜欢的水果的特点,做到文明卫生品水果、不乱扔果皮,具有环保意识。

资源:各类水果。

活动任务	实　施　要　求	评价指标
水果观察员	1.学生交流自己带来的水果。 (关注:颜色、形状、味道等。) 2.在水果名后面填入合适的颜色。 [关注:探究不同的水果有不同的颜色。比如:柠檬(　　);柿子(　　);樱桃(　　);葡萄(　　);香蕉(　　);梨(　　);桃子(　　)。] 3.画一画水果的形状。 4.唱唱"水果形状"韵律儿歌。 苹果苹果,圆圆的; 香蕉香蕉,弯弯的;	

活动任务	实 施 要 求	评价指标
水果观察员	哈密瓜哈密瓜,椭圆形; 草莓草莓,圆锥形; 杨桃杨桃,五角形。 5. 游戏:闻香识水果。 (关注:出示五个小盒子,让学生闻香味猜水果。) 6. 学生交流:说一说你摸过哪些水果。摸上去是什么感觉? 7. 称一称水果的重量。 (1) 介绍电子秤使用方法。 ① 电子秤按开关键,看看有没有清零。 ② 放上被称重物体,看数据。 (2) 小组称重,记录水果的重量。 8. 交流观察自带的水果。 (关注:从颜色、形状、气味、味道、触感等方面整体交流。) 9. 小结:我们可以从色、形、香、味、触感等方面介绍水果。	懂规则 善学习
水果乐享会	1. 分小组品尝水果。 (关注:四个人一组,自由组合;用水果刀将水果切小块,注意安全。) 2. 学生交流在品尝活动中的体会。 3. 评选"水果王"。(哪个组吃到的水果品种最多?)	懂规则 会合作 勤劳动 有主见
观察总动员	1. 用画笔将水果记录下来。 (关注:学生描绘自己带的水果,写一写名字、颜色、形状、气味、味道、触感等。) 2. 评选出最佳水果笔记。 (关注:绘画内容接近水果本来的样子;颜色描绘突出;文字介绍详细。)	善学习 有主见 负责任 懂规则

活动方案

"果树知多少"

第二周　　　　　　　　　　环游探水果　　　　　　　　活动设计:顾韩意

活动主题:环游探水果	活动对象:二年级学生	活动时长:2课时

目标:

1. 通过了解祖国地图的 7 个板块区域,34 个省级行政区域,感受祖国的物产丰富,初步培养探究各地区不同水果的意识。

续 表

2. 通过水果大挪移的游戏,感受祖国水果种类的多样性,培养民族自豪感。

3. 通过小组合作选出水果代言人,能用图画、语言、文字、肢体动作等表达自己对水果的认知,培养学生表现交流的能力。

资源:各种水果图片以及实物、中国地图拼图等。

活动任务	实 施 要 求	评价指标
认识果香地图	中国地大物博,有着种类丰富的水果。老师给你们带来了中国地图。 1. 认识中国地图板块。 (1) 用儿歌的形式记住地图上的板块。 (关注:教师用拍手的形式加上节奏便于学生记忆儿歌。) (2) 将省市的字母填写到对应的空格中。 2. 拼中国地图。 (关注:四人一组合作拼,教师巡视,及时发现问题并帮助学生一起完成地图的拼搭任务。)	善学习 会合作 懂规则
水果省份连连看	1. 参观学校农耕馆,出示参观规则。 2. 学生交流: 自己的家乡在哪儿? 家乡有什么特色水果? 3. 游戏:水果大挪移。 (关注:找到对应的省份和水果,将代表水果的磁铁贴在对应的省份。)	懂规则 善学习
水果推介官	1. 观看视频:学习网红主播们卖水果。 2. 观察交流:当卖水果的主播要做到什么? (关注:声音响亮;介绍水果时的表情;介绍水果时会主动尝一口,表现得特别好吃等。) 3. 游戏:变身水果主播。 出示游戏规则: (1) 四人为一组先推选出一名最优主播。 (2) 老师提供五种水果,每个组一种水果。 (3) 每个小朋友有两张水果券来采购水果。 (4) 每个组的主播上台介绍自己组的水果,台下的观众根据自己的意愿用水果券去买。 (5) 根据得券数,评选最优代言人。	负责任 善学习 懂规则 会合作 有主见

"果树知多少"

第三周   探秘百果园   活动设计：顾韩意

活动主题：探秘百果园		活动对象：二年级学生	活动时长：2课时
目标： 　　1. 通过观察学习，了解百果园中果树的品种和数量，能用自己的话说说果树的样子和特点。 　　2. 通过小组制作果树铭牌的活动，提升动手能力、团队合作意识和创新意识，并进一步热爱大自然。 　　3. 通过"法布尔"木实谷活动，为果树挂铭牌，感受人与自然和谐相处的美好，初步形成生态保护意识。			
资源：剪刀、胶水、绳子、铅画纸、硬板纸、海绵、木板等。			

活动任务	实　施　要　求	评价指标
观察果树	1. 参观学校"法布尔"生态实验室的"木实谷"。 （关注：指导学生听从教师安排，完成好调查并记录。） 2. 交流活动任务单：四人为一组进行观察活动，数数一共有几棵果树，有几种果树；观察不同的果树，将它们不一样的地方记录下来。	懂规则 有主见
制作果树铭牌	1. 制作果树铭牌。 (1) 对于果树铭牌，你有哪些疑问呢？ （关注：用什么材料制作；铭牌上有什么内容；怎么把铭牌挂到树上等。） (2) 头脑风暴：给果树制作铭牌还有什么好的点子呢？ （关注：学生讨论，写出金点子。） 2. 交流小结：在制作果树铭牌时，注意写清楚果树的具体信息（果树的名称、学名以及它的特征等），清晰美观，让人一目了然。 3. 自选材料，制作果树铭牌。 （关注：提供剪刀、绳子、木板、硬板纸、海绵、铅画纸、胶水、彩色笔，引导每个小组讨论交流，自由选择制作果树铭牌的材料。） 4. 小组展示，交流制作好的果树铭牌。 （关注：重点介绍铭牌的亮点。） 5. 评选最有创意的果树铭牌。	会合作 有主见 勤劳动 负责任
给果树挂铭牌	1. 悬挂铭牌。 （关注：带领学生进入"木实谷"，悬挂制作好的果树铭牌。） 2. 学生交流感想。 （关注：可以是和老师、同学以及果树说的话。）	负责任 懂规则

------ 活动方案 ------

"果树知多少"

| 第四周 | 水果妙用多 | 活动设计：顾韩意 |

活动主题：水果妙用多	活动对象：二年级学生	活动时长：2 课时

目标：
　　1. 通过尝果脯,探索水果与水果干的联系,愿意尝试自己的想法,能够提出问题。
　　2. 通过实验记录不同水果汁的颜色、口感等,善于观察和思考,探索与日常生活相关的现象。
　　3. 用果汁在纸上画画,观察在阳光下果汁画的变化,能提出问题,感受大自然的神奇。

资源:《舌尖上的中国》视频、各类水果、果脯、四个榨汁机(提前充好电)、试饮杯若干(小的)、矿泉水、陶瓷刀、一次性餐盘若干、很细的毛笔若干等。

活动任务	实 施 要 求	评价指标
了解果脯	1. 游戏：果脯猜猜猜。 (关注：老师抽一位学生拿出果脯,其他同学从颜色、形状等方面观察并猜测,猜对的人可以吃到这个果脯。) 2. 四人为一组,分享果脯。 3. 学生交流：吃了这么多不同的果脯,你有什么问题吗? 4. 播放《舌尖上的中国》"蜜饯制作"视频,了解蜜饯的制作过程和蜜饯的优点。	懂规则 善学习
榨汁乐时刻	1. 交流果子的其他用途。 (关注：引导学生从生活情景出发,挖掘果子的其他存储方式。) 2. 交流市面上的罐装果汁颜色和口感。 (关注：指导学生探究罐装果汁的配料表。) 3. 榨果汁：小组可以尝试搭配不同水果的组合方式,榨水果果汁。 4. 小组交流分享搭配的果汁。	懂规则 会合作 负责任 善学习
制作果汁画	1. 出示果汁画。 (关注：引导学生发现纸上什么也没有,探究果汁画的神奇。) 2. 变魔术：用加热灯照射白纸。你又发现了什么? (关注：引导学生发现在高温下白纸上显现出了痕迹。) 3. 制作果汁画。 (关注：学生可以用很细的毛笔在白纸上作画,用吹风机吹干。)	懂规则 会合作

二年级(第二学期)

主题：植物大放送

【主题简释】

植物，自然界最普通、最广泛的存在。初步认识植物的由来、生长，帮助学生建立与植物友好相处的自觉。

"植物大放送"主题，由"种子大玩家""小豆芽日记""叶子大不同""我给大树当裁缝"四组活动组成，了解植物生长的主要过程，培养观察植物生长过程的能力。

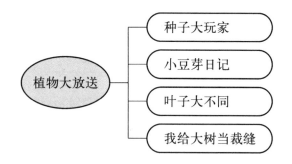

活动方案

"植物大放送"

第一周   种子大玩家   活动设计：高依丽

活动主题：种子大玩家	活动对象：二年级学生	活动时长：2课时
目标： 　1. 通过"挑绿豆"游戏，锻炼眼力、手力和反应力。 　2. 用学生自己带的种子，搭建喜欢的模型，建立与身边事物的联系。 　3. 通过探索种子传播的方式，愿意用自己喜欢的方式表达对种子传播的认知。		
资源：1. 挑绿豆材料；2. 模型制作材料；3. 绘本《一颗种子的旅行》。		

续　表

活动任务	实　施　要　求	评价指标
巧手挑豆子	1. 学生交流：观察种子"红豆"和"绿豆"的区别。 2. 游戏：挑绿豆游戏。 （关注：全班分成三组同时进行，用筷子将容器中的二十颗绿豆夹起，放到另一个容器中，最快挑出绿豆的小组获胜。） （1）交流游戏体验。 （2）分享发现：绿豆和红豆，除了颜色，还有什么不同吗？ （关注：红豆和绿豆的颜色、形状、大小都不一样。不同的种子，它们的特点也不同。）	懂规则 有主见
种子工程师	1. 交流分享：自己带的种子。 2. 动手操作，制作创意模型。 （关注：观看已有的作品；四人为一个小组，在 15 分钟内，利用每个人带的种子，用牙签连接种子，搭建喜欢的东西，填写创意DIY清单。） 3. 全班分享成果。 （1）每个小组展示制作的模型。 （2）投票选择最喜欢的模型。	会合作 有主见
种子旅行记	1. 阅读绘本《一颗种子的旅行》，交流：植物的种子是怎么旅行的？ （关注：植物本身不会旅行，但它们会把自己的种子送上旅途。一些种子乘着风飞向四方，一些则随着吃掉它们的动物长途跋涉等。） 2. 观看视频《蒲公英的传播方式》，分享感受。 （关注：蒲公英主要是依靠风力传播种子。花朵上带有毛绒状的东西，就是蒲公英的种子，可以随风到处飘荡，种子落地之后，只要环境适合，就可以生根。） 3. 认识其他种子的传播方式。 （1）学生讨论：苍耳、松子、睡莲的种子是怎样旅行的？ （2）画一画种子传播的过程。 （关注：选择一种自己喜欢的种子，画出它的传播过程。） 4. 小结：种子的传播是一个奇妙的过程，植物妈妈有许多聪明的办法可以帮助种子传播。	善学习

"植物大放送"

第二周	小豆芽日记	活动设计：高依丽

活动主题：小豆芽日记	活动对象：二年级学生	活动时长：2课时

目标：

1. 复习参观规则，在"法布尔"内观察"植物成长观察箱"，能提出自己感兴趣的问题。

2. 愿意尝试自己的想法，用环保的材料设计制作种子宝宝的家，养成初步的环保意识。

3. 能用感官、图画、文字等记录植物生长的过程，初步学会观察生命的成长，具有爱护植物的意识和行为。

资源：1. 种子的家制作材料；2. 绘本《咚嘟咕咚》。

活动任务	实　施　要　求	评价指标
成长能量站	1. 参观"法布尔"植物成长观察箱。 （关注：不能破坏"法布尔"内的植物。） 2. 观察植物并思考：种子成长需要的东西？ （关注：充足的水、必要的培养器皿、温度以20～25摄氏度为宜。）	懂规则 有主见 善学习 负责任
种子安个家	1. 观看种植豆芽视频，交流讨论：如何种植豆芽？ （关注：豆子在水里浸泡至少八小时；豆子均匀地摆在一个容器里，在容器上盖上一块湿布；用遮光纸板盖住容器口；将容器放在没有强烈阳光、阴凉通风的地方，每天浇一次水，等待种子发芽。） 2. 动手操作，制作种子宝宝的家。 （关注：利用豆腐盒或矿泉水瓶制作创意容器，可以适当剪裁或者涂上颜色。） 3. 全班展示成果。 （1）展示自己做的种子宝宝的家。 （2）投票评选最喜欢的种植容器。	善学习 有主见 负责任
豆芽成长记	1. 阅读绘本《咚嘟咕咚》，交流：如何记录植物的成长？ （关注：可采用图文并茂的方式记录。） 2. 用思维导图的方式写下《小豆芽成长日记》的框架。 （关注：提炼日记要素，有日期、天气情况、给种子浇水的量、种芽生长的高度等。） 3. 画一画小豆芽的成长过程。 4. 小结：我们的小豆芽可真神奇，不需要泥土就可以发芽生长，让我们呵护它们一天天长大吧！	善学习

活动方案

"植物大放送"

第三周	叶子大不同	活动设计：高依丽

活动主题：叶子大不同	活动对象：二年级学生	活动时长：2 课时

目标：
    1. 遵守采摘规则，根据要求寻找、采摘叶子，了解植物的多样性。
    2. 通过比较叶子的大小，进行细致观察，提出自己感兴趣的问题，学会小组合作交流。
    3. 通过亲身实践，用石膏做叶子印章，并能够用实物自信地表达对叶子的感受和认知，感受自然的神奇。

资源：1. 方格纸；2. 叶子印章材料。

活动任务	实 施 要 求	评价指标
叶子大搜集	1. 在"法布尔"收集叶子。 （关注：提醒学生尽量收集掉落在地上的叶子，如采摘叶子，要轻轻地摘；收集两种叶子，一种为规定形状的叶子，如掌形、心形、椭圆形，另一种为自己喜欢的形状。） 2. 观察叶子。 （1）学生交流：说说有什么发现？ （2）完成"叶子小百科"。 （关注：观察叶子，找出叶子们不同的地方，如叶子的形状。） 3. 小结：不同植物叶子的颜色、大小和形状都不同，每片叶子是独一无二的。	懂规则 善学习 有主见
叶子排排队	1. 学生交流：比较两片叶子的大小。 （关注：观察法：用眼睛观察，直接比较叶子的大小；重叠法：将两片叶子重叠在一起比较大小；数格子法：将叶子的边描在方格纸上，数叶子占格子的数量，超过半格算一格，不到半格忽略不计。） 2. 动手操作：按大小排列叶子。 （关注：尝试选择用合适的方法比较叶子的大小，将叶子从大到小排列。） 3. 全班交流比较的结果。 4. 小结：当两片叶子的大小差距比较大时，我们可以直接用观察法比较大小；而当两片叶子的大小比较相近时，我们可以用重叠法或数格子法等方法比较大小。	会合作 有主见

续　表

活动任务	实　施　要　求	评价指标
叶子趣工坊	1. 观看视频,学生交流:如何制作叶子印章? (关注:取一定量的石膏粉放在杯子中,加入适量的水,搅拌两分钟;将石膏倒出放在纸上,正面面积要比叶子大;把叶子放在石膏上,轻轻往下压叶子,等五分钟后拿起叶子,等待石膏变硬;在做好的印章上涂上喜欢的颜色。) 2. 动手操作,制作独特的印章。 (关注:利用收集的叶子和石膏,制作一个叶子印章。) 3. 全班展示成果。 (1) 每人展示自己的作品。 (2) 投票评选优秀作品。 4. 小结:每一个叶子印章都是独一无二的,因为在世界上没有两片完全相同的叶子,这就是我们大自然的神奇之处。	善学习 勤劳动

------ 活动方案

"植物大放送"

第四周 　　　　　　　　**我给大树当裁缝** 　　　　　活动设计:高依丽

活动主题:我给大树当裁缝	活动对象:二年级学生	活动时长:2课时

目标:
1. 观察年轮,提出自己感兴趣的问题,探究年轮的秘密,初步形成探究自然的意识。
2. 在情境中认知影子,通过小组合作的方式,通过测量影子的长度,来探究大树的高度。
3. 运用简单的工具,在年轮上作画,体会自然的神奇,表达对自然的热爱。

资源:1. 任务单;2. 年轮画材料。

活动任务	实　施　要　求	评价指标
大树的秘密	1. 交流:你知道大树有哪些秘密吗? 2. 观察年轮并交流:说说自己的发现。 (关注:年轮形成的原因,年轮宽窄的特点。)	有主见
大树量身材	1. 腰围量一量。 (关注:小组合作,用手臂环抱的方式标记大树的腰围,再用尺测量手臂的长度。) 2. 游戏:踩影子。 (1) 猜谜语。 　我有个好朋友,我到哪儿,它到哪儿,紧紧跟在我身边,请你猜猜它是谁?	会合作

续 表

活动任务	实 施 要 求	评价指标
大树量身材	(2) 分组游戏。 (关注：在指定区域内不让其他人踩到自己的影子,身体不能触碰他人,一旦被踩到了就退出,留到最后的小朋友获胜。) (3) 交流感受：不被踩到影子的小秘诀是什么? 3. 学生交流：观察不同时间段的影子的发现。 4. 探究影子的特点。 (1) 动手测量。 (关注：利用直尺合作测量每个小朋友的影子长度,并在任务单上记录。) (2) 学生交流：观察小组内小朋友的身高和影子长度,说说发现。 (3) 小结：在同一时间段,不同身高的小朋友,影子长度也是不一样的,身高和影子长度的倍数关系却是一样的,大树也有这样的小秘密。 5. 探索大树的身高。 (1) 动手测量。 (关注：小组合作,利用直尺合作测量两棵大树的影子长度,并记录。) (2) 学生交流：如何计算大树的高度。 (关注：大树影子的长度×倍数＝大树的高度。) (3) 小结：我们可以巧妙地计算在同一时间段身高和影子的倍数关系,再将大树的影子长度乘倍数,就能算出大树的大致高度了。	有主见 善学习
树桩穿花衣	1. 动手操作,给树桩穿花衣。 (关注：以"神奇的大自然"为主题,利用颜料在树桩上绘画。) 2. 全班展示成果。 (1) 每人展示自己的作品。 (2) 投票评选优秀作品。	有主见 负责任 勤劳动

"法布尔"主题式综合活动课
三年级

"法布尔"主题式综合活动课：

三年级(第一学期)确立"本草研究所"的主题,分为第一周：嗨,中草药;第二周：中华小神农;第三周：厉害了,我的中草药;第四周：香囊里的秘密。

三年级(第二学期)确立"青青小菜园"的主题,分为第一周:种植总动员;第二周:菜园小当家;第三周:蔬菜小卫士;第四周:丰收大联欢。

三年级(第一学期)

主题:本草研究所

【主题简释】

本草,祖国医学药学的宝藏,中华民族优秀文化传统中的瑰宝。培养学生热爱优秀传统文化,对祖国传统医药学的代表——中草药产生浓厚的兴趣。

"本草研究所"主题,由"嗨,中草药!""中华小神农""厉害了,我的中草药!"和"香囊里的秘密"四组活动组成,认识本草用途及其"变身"造福人类的以小见大的情怀。

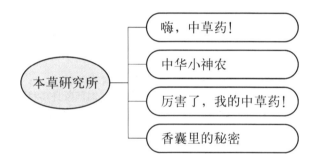

> 活动方案

"本草研究所"

第一周 　　　　　　　　嗨,中草药!　　　　　　　　活动设计:陈晓虹

活动主题:嗨,中草药!	活动对象:三年级学生	活动时长:2课时
目标: 　　1. 用简单的工具摘草药,体验劳动过程,形成爱护植物和自然环境的意识。 　　2. 通过观察、测量、记录等方式,用自然笔记的方式表达自己对草药的认知,形成热爱自然的情感。 　　3. 能够自信地表达自己的感受、认知和观点,爱上身边的中草药。		

续 表

资源：1. 铅笔、彩铅；2. 芦荟；3. 花盆；4. 铲子。		

活动任务	实 施 要 求	评价指标
寻找中草药	1. 出示"法布尔"中草药图片和功效。 2. 分组去"百草园"寻找中草药。 （关注：四人为一组，选出一名组长；一种草药只可以摘一片叶子；限时 20 分钟，回教室，超时扣分，看哪一组找得最多，最准确。） 3. 学生交流：介绍自己找到的草药。 （关注：从名称、气味、颜色、形状等方面介绍找到的草药。）	有主见 会合作 善学习
绘制中草药	1. 制作自然笔记。 (1) 欣赏优秀作品。 (2) 交流自然笔记要素。 (3) 总结关键点。 ① 时间、地点、天气。 ② 学校、年级、班级、名字。 ③ 观察到的事物和自己的所思所想。 ④ 对于需要仔细观察或比较感兴趣的部分，可以分解出来，细化描述。 2. 进"本草园"，绘制自然笔记。 3. 回教室分享交流自己的作品。	有主见 善学习 懂规则
种植芦荟	1. 种植草药：认识芦荟。 2. 动手实践，种植芦荟。 （关注：取盆时注意大小适中；种植时可以去掉部分多余的叶子；种植芦荟时，在根部铺一层土壤，撒上花肥，再铺上一层土壤，使土壤完全覆盖芦荟根部；要轻压土壤，使盆内土壤固实；向盆内浇水，使土壤湿润。）	善学习 勤劳动 负责任

活动方案

"本草研究所"

第二周 　　　　　　中华小神农 　　　　　活动设计：陈晓虹

活动主题：中华小神农	活动对象：三年级学生	活动时长：2课时
目标： 　1. 参观卫生所里的中药房，体验祖国传统文化，养成民族自豪感。 　2. 了解中医根据药方来抓药的过程，初步了解草药的功效，学会关心周围的事情。 　3. 小组合作，主动承担任务，体验在石臼中碾药，体会劳动带来的快乐。		

资源：1. 卫生所参观；2. 药剂师讲解；3. 研磨器皿；4. 中药包装纸；5. 秤；6. 三七、黄芪。

活动任务	实　施　要　求	评价指标
了解中草药	1. 学唱《草药歌》。 2. 学生交流：学了《草药歌》，了解到了什么信息？ （关注：学了《草药歌》后，学生补充完成草药光荣榜。）	善学习
参观中药房	1. 制定参观规则。 2. 看医生诊断开药。 （关注：安静有序，不打扰医生和病人。） 3. 进入药房，观看医生抓药。 （关注：学生分成两组，由工作人员带入药房进行讲解；学生在学习的过程中至少记住两种中药的名称和作用。）	善学习 懂规则 有主见
配制研磨中药	1. 学生交流：中药知识。 2. 学生交流：不同种类、不同功效的中草药的服用方法。 （关注：用水煎服、用石臼碾成粉末等。） 3. 了解药材配方。 （1）PPT 出示药方。 （2）学生交流：看了这几个药方后，了解到了什么？ （关注：不同药材的搭配对应的症状也不同；每种药材的克数都要精确；服药方式要严格按照药方进行等。） 4. 根据配方碾防治气虚血瘀的中药。 （1）教师示范。 （关注：研磨中药时，根据药方，将称量好的中药放进去，用石臼反复研磨成粉。） （2）学生四人为一组用石臼碾中药。 5. 总结：中草药是我国的传统文化，每一种中草药的功效都不同。在称重时，微小的变化都有可能导致药性失效甚至危害身体，配药时一定要谨慎小心，按照处方来配。	勤劳动 负责任 会合作

　活动方案

"本草研究所"

第三周	厉害了，我的中草药！	活动设计：陈晓虹

活动主题：厉害了，我的中草药！	活动对象：三年级学生	活动时长：2 课时
目标： 　　1. 通过配药茶，初步探索中药之间的关系，提出感兴趣的问题，感受中药的奇妙。		

2. 通过小组合作,体验烹煮药茶的过程,感受劳动的艺术美。

3. 能用感官,感受自己的劳动成果,养成良好的生活习惯,爱上自然与生活。

4. 能用自己喜欢的方式表达对药茶的喜爱,探索与日常生活密切相关的健康习惯。

资源:1. 薄荷;2. 干菊花;3. 泡茶工具;4. 秤;5. 中药包装纸。

活动任务	实 施 要 求	评价指标
配制药茶	1. 欣赏薄荷图片并交流:这是什么? 它有什么功效呢? 　2. 学生交流:薄荷可以和什么搭配成一款薄荷茶呢? 它的功效会是什么呢? 　3. 配制薄荷茶。 　(关注:四人为一组,根据菊花薄荷茶的配方抓取药材,配制,将其置于药材包装的纸上。) 　4. 小结:在根据配方抓药的时候,一定要严格按照配方上的药材重量来进行配置,不同的用量会影响茶的功效和口感。	善学习 懂规则
烹煮药茶	1. 烹煮药茶。 　(关注:留心操作玻璃器皿,以防破损;小心热水,以防烫手。) 　2. 教师示范。 　(关注:准备茶具:玻璃煮茶壶、茶匙、茶杯;准备药材:薄荷叶 3 克、菊花 2 克;煮水:当水加热冒的泡大小从蟹眼变为鱼眼大小时,就可以投茶了,水不能煮太长时间;煮茶:借助茶匙把药材放入玻璃壶内,煮一分钟后停止加热,泡两分钟;出汤:煮茶完成后就可以用茶杯慢慢饮用。) 　3. 每个小组烹煮茶。 　4. 观看《王老吉》视频。 　(关注:一边品茶,一边观看。) 　学生交流:你了解到了什么? 　(关注:要尊重厂家的专利配方,不可随意泄露。) 　5. 品尝并优化配方,设计自己的自创茶。 　(关注:自创茶的名称、配料名称、克数、功效。) 　6. 学生自行烹煮。	善学习 会合作 有主见
品尝药茶	1. 交流自己小组的药茶。 　2. 为自己的产品设计品牌包装。 　(关注:品牌包装、品牌名称、广告语等。) 　3. 评选最佳自创茶,形成产权意识。	负责任 勤劳动

活动方案

"本草研究所"

| 第四周 | 香囊里的秘密 | 活动设计：陈晓虹 |

活动主题：香囊里的秘密	活动对象：三年级学生	活动时长：2课时

目标：

　　1. 通过看一看、闻一闻、摸一摸、辨一辨的方式，认识常用的中草药，能用表格的形式记录所探究的内容。

　　2. 能运用镊子、秤等简单的工具挑拣、称重、配草药，愿意表达自己的想法。

　　3. 通过穿针引线缝香囊，体会精细劳动和劳动人民的智慧，体验祖国传统文化，培养民族的自豪感。

资源：1. 驱蚊香囊DIY材料；2. 中草药（艾叶、紫苏、丁香、藿香、薄荷、陈皮）；3. 剪刀。

活动任务	实　施　要　求	评价指标
辨析常见中草药	1. 辨析常见中草药。 （1）出示实物：艾叶、紫苏、丁香、藿香、薄荷、陈皮。 （<u>关注</u>：阅读学习单上的资料，结合中草药实物，为它们选择、放置对应的名卡。） （2）学生交流，并说说这样放置的原因。 （3）小结：每一种草药，我们都可以通过观察它的外形、闻一闻它的味道或者摸一摸它的质感来进行辨析。 2. "闻香识百草"游戏。 （<u>关注</u>：用布将眼睛蒙起来，逐一拿起草药闻味道进行辨别，根据气味说出草药的名称，评选"识草小达人"。）	有主见 懂规则
配制香囊材料包	1. 学生交流：草药的功效。 2. 交流分享：草药混合在一起做成香囊，它们会有什么功效呢？ （1）儿童预防感冒配方：艾叶、紫苏、桂枝、藿香、佩兰、冰片各3克。 （2）成人预防感冒配方：苍术、辛夷、川芎、白芷、藿香、荆芥各8克。 （<u>关注</u>：多媒体出示药物——方义——功效，不同配方的香囊，作用也是不一样的。） 3. "香囊作用大不同"抢答游戏。 （<u>关注</u>：根据配方说出香囊的作用，说一说理由。） 4. 使用香囊的禁忌。 （<u>关注</u>：过敏体质、体质虚弱的人、孕妇禁用香囊。） 5. 小结：在制作香囊的时候，一定要考虑佩戴的对象是谁，要根据不同的人选择不同的配方。	善学习 有主见

活动任务	实 施 要 求	评价指标
制作香囊	1. 欣赏香囊图片 (关注:根据香囊的不同点进行分类,完成思维导图。) 2. 制作香囊。 (1) 观看香囊制作视频。 (2) 说说香囊的制作步骤。 (3) 学生制作。 3. 小结:不同配方的香囊有不同的作用;制作香囊时要考虑佩戴的对象是谁,不是所有人都适合佩戴香囊的,小小的香囊也有大大的乐趣!	勤劳动 会合作 负责任

三年级(第二学期)

主题: 青青小菜园

【主题简释】

当回种植手,体验成长经,收获成熟感。当种子在学生培育下生长成熟时,经由实践体验的认知也陡然有了质的飞跃。

"青青小菜园"主题,由"种植总动员""菜园小当家""蔬菜小卫士""丰收大联欢"四组活动组成,开启了学生由种植到品尝的体验之旅。

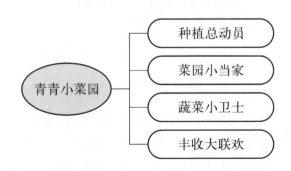

"青青小菜园"

第一周 　　　　　　　　　　　**种植总动员** 　　　　　　　　　活动设计：陈晓虹

活动主题：种植总动员	活动对象：三年级学生	活动时长：2课时

目标：
　　1. 学习简单的调查方法，认识生产工具，建立工具与植物的关系。
　　2. 积极参与班级种蔬菜活动，初步养成农耕劳动意识。

资源：1. 农耕馆；2. 小型农具；3. 制作农具小卡片材料（彩铅、A4 纸）；4. 大蒜（青菜、生菜）；
5. 观察量表。

活动任务	实　施　要　求	评价指标
参观"农耕馆"，认识农具	1. 参观学校"农耕馆"，认识农具。 （关注：不随意用手触摸展品，文明参观，保持安静。） 2. 交流农具的作用。 （关注：不同农具的作用。）	善学习 懂规则
制作"农具身份证"	1. 制作"农具身份证"。 （关注：身份卡上至少要包含农具名称、功能和图示等基本信息。） 2. 分享交流：绘制的"农具身份证"。	有主见 会合作
种植蔬菜	1. 向长辈请教如何种植蔬菜，完成记录卡。 （关注：记录问题和得到的回答。） 2. 种植蔬菜。 （关注：四人一组，自由组合，组长领取铲子、蔬菜；学生种菜时，教师在旁协助指导。）	勤劳动 负责任
设计蔬菜观察量表	1. 设计蔬菜观察量表。 （关注：四人一组自行设计观察量表，可以记录农作物的每一次被观测的时间、外形变化、高度等。） 2. 实地观察记录。 （关注：带上铅笔、橡皮、尺、一双会观察的眼睛。） 3. 小结交流：我们借助观察量表记录下了亲手种植的蔬菜的样子，那这些蔬菜过了一个礼拜会变成什么样呢？我们下周接着观察！	有主见

活动方案

"青青小菜园"

第二周   菜园小当家   活动设计：陈晓虹

活动主题：菜园小当家	活动对象：三年级学生	活动时长：2 课时

目标：
 1. 能用感官和简单的工具进行观察、测量、记录,初步养成长周期观察的习惯。
 2. 通过简单的沤肥实验,初步养成环保意识和探究的习惯,初步养成不怕苦、不怕脏的劳动精神。

资源：1. 铅笔、尺等测量工具；2. 带盖子的空油漆桶；3. 长夹钳；4. 观察量表。

活动任务	实 施 要 求	评价指标
探索影响植物生长的因素	1. 观察上周种植蔬菜的变化并进行记录。 2. 交流讨论：同时间种下去的大蒜,为什么会有不一样的结果呢? (<u>关注</u>：阳光、空气、水分、肥料等不同因素。) 3. 完成任务单："蔬菜宝宝的成长妙方"。 (<u>关注</u>：植物的生长需要空气、水、温度和阳光,这些因素都缺一不可。)	善学习 有主见
沤肥	1. 区分有机肥与化肥。 (<u>关注</u>：化肥的优点是养分含量高、见效非常快、达到增产的效果,但如果施用不当的话,不仅会对植物生长不利,还有可能对土壤不利,使土壤变劣。有机肥主要包括农家肥、人粪尿、各种禽畜类圈肥、农作物秸秆、落叶等,含有很多种营养元素,可以改良土壤和改善土壤中的重金属等。) 2. 沤制农家肥。 (1) 分享交流：沤肥的材料。 (<u>关注</u>：准备长夹钳、带盖子的密封油漆桶等工具。) (2) 制作肥料。 (<u>关注</u>：将沤肥材料加入水中搅拌；密封发酵,发酵时间不少于 10 小时。) (3) 放置沤肥桶。 (<u>关注</u>：将桶放在温暖、人少的地方。) 3. 小结：沤制农家肥的活动已经结束了,接下去就是耐心地等待了。下节课,我们一起用自己制作的有机肥去给蔬菜宝宝施肥吧!	善学习 懂规则 勤劳动 有主见

活动方案

"青青小菜园"

第三周   蔬菜小卫士   活动设计：陈晓虹

活动主题：蔬菜小卫士	活动对象：三年级学生	活动时长：2课时

目标：

    1. 通过制作施肥工具舀勺，形成环保意识和环保行为。

    2. 遇到肥料难以舀出的问题时，能积极寻找有效的解决方法。

    3. 积极参与农耕劳动，通过实践探究，体会劳动人民的智慧。

资源：1. 塑料饮料瓶；2. 剪刀；3. 观察量表。

活动任务	实　施　要　求	评价指标
制作施肥工具	1. 制作舀勺。 （关注：选择工具和材料，有美工刀、饮料瓶等。） 2. 观看制作舀勺的步骤。 （关注：用小刀把矿泉水瓶切成两半，不要太靠近瓶口；选取上半部分，画出 U 形凹槽，沿线剪下；修剪毛边，握住瓶颈，就可以用来舀肥料了。）	有主见 善学习
稀释肥料	1. 观察肥料。 （关注：有机肥太厚，难以舀出。） 2. 加水稀释。	有主见
完成施肥记录表	1. 观察记录，完成第三周的观察量表。 （关注：测量大蒜的生长情况。） 2. 动手施肥。 （关注：四人为一组，两个人负责浇，两个人负责观察和记录：组员浇了多少？浇在了哪里？多余的有机肥交给老师处理。） 3. 交流讨论：除了土壤肥力不足，蔬菜宝宝在生长过程中还可能遇到其他困难，我们可以做些什么呢？ （关注：杂草丛生、出现害虫、温度太低、土壤过干等。） 4. 小结：我们可以借助"施肥观测量表"记录下施肥的量和部位，观察有机肥给我们带来的惊喜。	会合作 勤劳动 负责任 懂规则

活动方案

"青青小菜园"

第四周 　　　　　　丰收大联欢 　　　　活动设计：陈晓虹

活动主题：丰收大联欢	活动对象：三年级学生	活动时长：2课时

目标：
　　1. 能通过观察对比发现施肥前后蔬菜的变化，乐于分析原因并思考解决方法。
　　2. 通过采摘，了解采摘的方法和注意点，能主动采摘蔬菜和学做番茄炒蛋，感受劳动所带来的喜悦。

资源：1. 电磁炉；2. 炒锅；3. 铲子；4. 盘子；5. 勺子；6. 番茄；7. 鸡蛋；8. 油；9. 白糖。

活动任务	实　施　要　求	评价指标
完成施肥后的观察量表	1. 记录观察施肥前后大蒜植株的变化。 （关注：带好铅笔、尺子和观察量表。） 2. 探寻产生不同结果的原因。 （关注：两组分别比对上次施肥的记录，猜测蔬菜变化的原因。） 3. 小结：施肥越是靠近农作物根茎部，甚至叶子上，这种施肥方式对农作物的危害很大，不但不能促进生长，还可能会出现烧根烧苗的现象。	有主见
采摘蔬菜	1. 根据时令，收蔬菜。 （关注：三月拔鸡毛菜，四月挖竹笋，五月采蚕豆、剥蚕豆。） 2. 看农民伯伯示范。 3. 动手采摘蔬菜。 （关注：在采摘时，不能影响旁边蔬菜的生长，不能踩坏蔬菜；我们可以用手、剪刀等工具，把采摘下来的蔬菜放在袋子里；还没有成熟的，比如蚕豆、毛豆等要饱满才可以采摘。）	善学习 勤劳动 负责任
制作番茄炒蛋	1. 学生交流：番茄炒蛋需要用到的材料。 （关注：鸡蛋、西红柿、植物油、盐、糖等。） 2. 观看番茄炒蛋教学视频。 （关注：理清制作步骤。） 3. 动手实践。 （关注：系好围裙等，在教师的协助下开展。） 4. 品尝番茄炒蛋。 5. 小结：希望同学们能积极参与劳动，创造更多的劳动成果，体验劳动的快乐！	善学习 懂规则 会合作

"法布尔"主题式综合活动课
四年级

"法布尔"主题式综合活动课：

四年级(第一学期)确立"昆虫智趣屋"的主题,分为第一周：昆虫放大镜;第二周：昆虫近距离;第三周：昆虫DIY;第四周：昆虫旅馆。

四年级(第二学期)确立"空中有来客"的主题,分为第一周：鸟类小档案;第二周：鸟巢设计师;第三周：小小建筑师;第四周：鸟儿邀请函。

四年级(第一学期)

主题：昆虫智趣屋

【主题简释】

昆虫,自然界中的低级生命,却是生态不可或缺的生命。认识昆虫,敬畏生命,与自然界所有生命和谐共处。

"昆虫智趣屋"主题,由"昆虫放大镜""昆虫近距离""昆虫DIY""昆虫旅馆"四组活动组成,了解昆虫的形态与习性,初步懂得选择性地保护昆虫的方法。

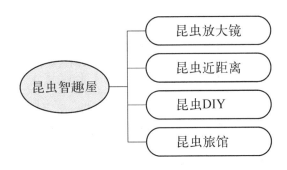

"昆虫智趣屋"

第一周   **昆虫放大镜**   活动设计：顾韩意

活动主题：昆虫放大镜	活动对象：四年级学生	活动时长：2课时

目标：

    1. 能用感官和简单的工具进行观察、调查和记录，认识多种昆虫，爱护身边的小动物，有保护昆虫的意识。

    2. 能用自己喜欢的方式记录观察所得，具有初步的探究意识。

    3. 通过模拟侦探，丰富对昆虫的认知，善于思考，有探究的意识和能力。

资源：1.《昆虫记》；2. 侦探游戏卡片。

活动任务	实 施 要 求	评价指标
复活《昆虫集》	1. 昆虫大搜寻。 （关注：去"法布尔"生态实验室完成昆虫调查，记录昆虫的名字以及基本特征。） 2. 完善"法布尔"昆虫集。 （1）交流收集的昆虫信息。 （2）汇集成《昆虫集》。	善学习 懂规则 有主见
制作昆虫小百科	1. 交流发现的昆虫。 2. 观察图片，交流昆虫的一般外形特征。 （关注：引导学生发现昆虫具有相同的外形特征，拥有头、胸、腹、一对或两对翅膀、一对触角、三对足等。） 3. 学生交流：在刚才的活动中，还有什么疑问吗？ （关注：让学生充分提出问题，有的当场解决，有的引导学生回家查阅资料。）	懂规则 善学习 有主见 会合作
游戏识虫	1. 游戏：小虫大智慧。 （1）按老师给出的昆虫某一身体部位的图片，发挥想象，猜猜这些都可以做成什么科技产品。 （关注：观察图示，小组猜测交流。） （2）小小设计师：根据昆虫不同部位的功能和特点，设计一件小发明。 （关注：观看一些已经发明的产品资料。） 2. 昆虫大侦探。 （1）提供侦探道具以及嫌疑虫。 （2）提供线索卡片：嫌疑虫卡片、证人口供、医生报告。 （3）案件调查表：根据给出的案件，寻找蛛丝马迹，发现案件中藏着的线索，填写破案理由，最终锁定嫌疑虫，破获这些案件。 （关注：调查表中包含发现的线索、破案理由、嫌疑虫。）	善学习 有主见 会合作 懂规则

"昆虫智趣屋"

第二周 　　　　　　　昆虫近距离　　　　　　　活动设计：顾韩意

活动主题：昆虫近距离	活动对象：四年级学生	活动时长：2课时

目标：
1. 关心身边的昆虫,探索与昆虫相关的现象,有强烈的好奇心。
2. 愿意尝试自己的想法,能设计、制作捕虫器,有保护环境的意识。
3. 通过设计、制作昆虫模型的活动,培养团队合作的意识。

资源：1.各类捕虫器；2.捕虫器制作材料。

活动任务	实　施　要　求	评价指标
捕虫器大调查	1. 昆虫捕捉器调查。 (1) 进入学习"法布尔",完成昆虫捕捉器调查活动。 (2) 小组合作,记录捕虫器的样子、捕虫器的材料、被捕捉的昆虫,完成探究小调查。 (3) 交流分享。 (关注：教师需要提醒学生将发现的过程、地点说完整,在介绍的时候可以加入自己的想象。) 2. 观看视频或图片,了解社会上一些比较先进的捕虫器。 (1) 记录其中一种自己最感兴趣的捕捉方式。 (2) 小组之间分享学习成果。 (关注：教师补充关于网捕法、振击法、陷阱法、引诱法的资料。) 3. 完成思维导图：各类捕虫方法和原理。	善学习 懂规则 有主见
捕虫有新招	设计捕虫器。 (1) 设计方案的讨论。 (关注：对于捕虫器有什么疑问,记录梳理出的问题。) (2) 合作设计。 (关注：设计图的视角,俯瞰、正面、侧面,可以选择一到两个视角进行；标注使用的材料；设计图要标明尺寸,可以按比例放大或缩小；设计图可以带精练的文字说明,如设计的名称、设计的意图、设计的亮点等。) (3) 小组为单位,分享设计。 (4) 修改完善设计方案。 (关注：在充分交流后,学生可以对自己的方案进行修改,但每一步修改都要说明理由。)	有主见 会合作 负责任 懂规则

续 表

活动任务	实 施 要 求	评价指标
制作捕虫器	1. 制作捕虫器。 （关注：将任务分配给每一位组员，一人为材料收集员、一人为材料整合员、一人为数据测量师、一人为艺术监督，根据小组的设计稿完成制作任务。） 2. 小组交流展示。 （关注：学生互动提问回答环节，小组记录员记录问题。） 3. 根据建议，合理改进捕虫器。 4. 总结：各种"捕虫大法"真让人大开眼界，我们设计了有创意的捕虫器，并选用了合适的材料，完成了捕虫器的制作。	勤劳动 会合作 懂规则 负责任

活动方案

"昆虫智趣屋"

第三周 　　　　　　　　　　昆虫 DIY 　　　　　　　活动设计：顾韩意

活动主题：昆虫 DIY	活动对象：四年级学生	活动时长：2 课时

目标：
1. 寻找并搜集合适的材料制作昆虫模型，建立日常生活与制作材料之间的联系。
2. 优化自己的昆虫模型作品，激发对昆虫强烈的好奇心和不断探究的欲望。
3. 通过《昆虫记》场景的制作，建立部分与整体的联系，感受昆虫和自然的和谐。

资源：1. 昆虫制作材料；2.《昆虫记》制作材料。

活动任务	实 施 要 求	评价指标
观察昆虫模型图片	1. 回顾"法布尔"找到的昆虫。 2. 观看图片并交流：说说图片中的昆虫长什么样？ 3. 欣赏作品，说说对昆虫模型的想法或疑问。 （1）记录金点子。 （2）学生交流。 （关注：模型需要接近真实，注意昆虫的身体部位并选取合适的材料进行制作。）	善学习 负责任 有主见
制作昆虫模型	1. 进入"法布尔"实验室进行材料收集。 （关注：收集了哪些材料？用这些材料做什么？） 2. 自选材料，制作昆虫模型。 （关注：教师巡视教室，及时发现问题并帮助学生更好地制作模型。）	懂规则 善学习 有主见 会合作

续　表

活动任务	实　施　要　求	评价指标
制作昆虫模型	3. 小组展示、交流制作好的昆虫模型。 (关注：分享做了哪种昆虫? 具体用什么材料做了什么部位? 说说选择这种材料制作后的效果。)	
《昆虫记》新编	1. 构想一个小故事，并根据故事布置场景。 (关注：昆虫的生活环境不同，不同类的昆虫不能简单地摆放在一起，需要创设一个环境将它们集合在一起。这个环境就是场景。) 2. 利用身边的材料进行制作，对场景进行装饰。	善学习 有主见 懂规则 会合作

> **活动方案**

"昆虫智趣屋"

第四周　　　　　　　　　　　**昆虫旅馆**　　　　　　　活动设计：顾韩意

活动主题：昆虫旅馆	活动对象：四年级学生	活动时长：2课时

目标：
　　1. 阅读《蟋蟀的住宅》，独立完成资料卡，学会交流并表达自己的想法。
　　2. 积极参加自然探究活动，探究昆虫旅馆中不同昆虫的家，能够发现并提出问题，对自然充满好奇心。
　　3. 用简单的工具，设计并制作昆虫的家，有热爱自然的情感。

资源：1.《昆虫记》;2. 昆虫旅馆制作材料。

活动任务	实　施　要　求	评价指标
绘本阅读	阅读《昆虫记》——《蟋蟀的住宅》。 (1) 小组交流：资料卡。 (关注：获取制作蟋蟀住宅的要素、制作蟋蟀住宅的步骤。) (2) 评选最佳资料卡。	善学习 懂规则 有主见
观察昆虫旅馆	1. 昆虫旅馆观察活动。 (1) 进入"法布尔"实验室进行昆虫旅馆观察活动。 (2) 根据观察，记录发现。 (关注：记录建筑外形、建筑材料、昆虫住客，其他的发现、疑惑等。) (3) 小组交流。	懂规则 有主见

活动任务	实 施 要 求	评价指标
观察昆虫旅馆	2. 学生观看昆虫各式各样"家"的图片。 3. 小结：昆虫各种各样的"家"，其目的也是各种各样的，有的是为了隐蔽自身，有的是为了捕获猎物，有的是为了抚育后代。巢有简单、复杂的，有小的、大的，做巢方式与昆虫的进化有关系。 4. 连一连：将昆虫和它对应的"家"连起来。	
小窝诞生记	1. 观看视频，交流分享。 (1) 蜂农是如何制造蜂巢吸引蜜蜂的? (2) 如何利用木屑制作天牛幼虫的窝? 2. 自由分组，分成蜜蜂小队和天牛小队。推选组长，并设计制作昆虫窝的方案。 3. 前往"法布尔"生态实验室，开展造窝活动。 (1) 利用多孔砖造一个小蜜蜂的窝。 (关注：教师现场讲解，在多孔砖的背面涂上泥土。) (2) 利用木屑造一个天牛幼虫的窝。 (关注：教师现场讲解，木屑和木块要压紧，没有空隙，保持湿度，但不能滴水下来)。	会合作 懂规则 负责任 勤劳动

四年级(第二学期)

主题：空中有来客

【主题简释】

鸟类是人类的好朋友，鸟儿的自由飞翔引发人们无限的遐想。保护鸟类，从学习了解鸟儿的基本习性开始。

"空中有来客"主题，由"鸟类小档案""鸟巢设计师""小小建筑师""鸟儿邀请函"四组活动组成，在观察"法布尔"里的鸟儿中，培育人类要保护鸟儿的情怀。

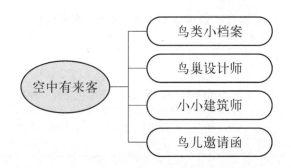

"空中有来客"

第一周 鸟类小档案 活动设计：唐军平

活动主题：鸟类小档案	活动对象：四年级学生	活动时长：2课时

目标：
1. 通过观察、资料搜集、制作档案卡，初步辨认"法布尔"里的鸟的名称和种类。
2. 通过孵化实验，能亲近生命、亲近"法布尔"生态实验室，爱护身边的动植物，珍爱生命。

资源：1. PPT；2. Pad；3. 卡纸；4. 望远镜。

活动任务	实 施 要 求	评价指标
寻访"法布尔"里的鸟类	1. 初步学习观察鸟类的方法。 （关注：小组讨论各种观察鸟类的方法，做好记录，交流其优缺点。） 2. 观察鸟类，记录重要特征。 （关注：利用"法布尔"鸟类照片、视频等各种方式自主观察鸟类，引导学生利用不同形式记录鸟类的特征。） 3. 小结：可以从鸟类羽毛的颜色、翅膀的大小、飞行姿态、鸣叫声等方面去观察，从而发现不同鸟类的特征。	有主见
业余观察员	1. 实地观察"法布尔"里的鸟。 学校"法布尔"实验室到底有没有这些鸟类呢？仔细观察，发现了几种鸟，并根据提示做好记录。 （关注：在"法布尔"实验室里观察鸟类更要做到安静和耐心，如果天气不允许就播放视频。） 2. 交流：自己看到的鸟。 （关注：引导思考——为什么"法布尔"实验室里有那么多鸟？） 3. 观看视频。 根据"法布尔"摄像记录，发现这里有十多种鸟类，一起来认识一下它们。	懂规则 善学习
鸟类档案卡	1. 制作鸟类档案卡。 (1) 认识"法布尔"里的鸟。 教师提供"法布尔"里的鸟类名称，请学生选择一种感兴趣的鸟类搜集资料，了解所选鸟类的基本特征，制作鸟类小档案。 （关注：档案制作形式自主选择，内容可以自定，体现科学性和趣味性。）	善学习

活动任务	实 施 要 求	评价指标
鸟类档案卡	(2)分享档案卡。 学生借助档案卡,向大家分享"法布尔"里的鸟类。 2. 鸟类自然笔记。 用自然笔记记录喜欢的鸟类生活的样子。 (<u>关注</u>:巩固自然笔记的要求,要有时间、地点、特征。)	有主见
鸟蛋的孵化	1. 谈谈怎么与"法布尔"里的鸟相处。 (<u>关注</u>:引导学生创建"法布尔"实验室,使它成为部分小鸟的家园。) 2. 思考:如果小鸟们要住下来,它们会在这里做些什么? (<u>关注</u>:引导学生保护湿地,关注生态链,创造良好的环境,吸引它们留下来。) 3. 尝试孵化鸟蛋。 每位学生分到一枚蛋,做好属于自己的记号,把蛋放进孵化箱,然后进行观察记录,至少每两天一次。 (<u>关注</u>:用鸽子蛋或鹌鹑蛋,需要学生分组安排好孵蛋维护事宜以及记录。)	有主见 负责任

> 活动方案

"空中有来客"

第二周 　　　　　　　　　　**鸟巢设计师** 　　　　　　*活动设计：唐军平*

活动主题：鸟巢设计师	活动对象：四年级学生	活动时长：2 课时
目标： 1. 通过视频和实物展示观察各种各样的鸟巢,探究鸟巢的基本结构和作用。 2. 通过观察、测量、绘画等方式,尝试设计一个鸟巢,解决实际问题。 3. 通过本课的活动,积极参与关爱鸟类的实践行动。		
资源：1. PPT；2. Pad；3. 彩笔；4. 卡纸。		

活动任务	实 施 要 求	评价指标
鸟儿作品展	展示自然笔记。 (<u>关注</u>:师生一起用上节课学生的优秀自然笔记作品布置教室宣传栏,并让学生和作品合影。)	勤劳动

活动任务	实　施　要　求	评价指标
鸟巢大发现	1. 观察鸟巢的材质和形状。 (1) 观察各种鸟巢图片。 (关注：引导学生关注鸟的名字、鸟巢的形状和材质，并记录在任务单上。) (2) 交流发现：鸟巢的共同点和不同点。 (关注：每组四人，学生先组内交流再班级交流。) (3) 交流分享：鸟巢的基本特征。 圆形或半圆形，使用天然的轻质材料(如枝条、干草等)，有便于鸟类进出的开口。一般呈半封闭结构，少数鸟巢采用全封闭的结构。 2. 认识鸟巢的功能。 (1) 观看视频资料，探究鸟巢的功能。 (关注：学生分组探究鸟巢的材质、鸟巢的结构、鸟巢的功能，并记录。) (2) 归纳和交流。 各小组交流发现的鸟巢的功能。(保温、足够结实、利于蛋的存放。) (关注：引导学生梳理归纳鸟巢的共性特征，完成学习手册，加深对鸟巢的结构以及功能的认识，为鸟巢的设计进行铺垫。) 3. 资料阅读。 (1) 阅读资料：我们一起来认识更多的鸟巢(配图)。 (2) 分享交流：你对哪个鸟巢印象最深? 为什么? (3) 小结：鸟巢的种类很丰富，但基本特点就是保温、足够结实、利于蛋的存放。	善学习 有主见
新秀设计赛	1. 设计一个心仪的鸟巢。 (1) 讨论设计方案。 (关注：引导学生分析梳理出任务中的关键问题，比如：给什么鸟设计鸟巢? 设计的鸟巢应具备哪些功能? 为了实现这些功能，要选用什么材料? 如何搭建鸟巢的主体结构? 怎么样在鸟巢设计中融入有创意的设计? ⋯⋯以解决问题的思维设计一个功能与美观兼顾的鸟巢。) (2) 合作设计——绘图。 (关注：可以先给学生观察设计图的绘图方式，设计图可以带精练的文字说明，如设计的名称、设计的意图、设计的亮点等，关注学生思维的呈现，鼓励每位学生参与合作。) 2. 分享和评比。 (关注：以小组为单位，上台展示本组设计，关注学生的团队合作成效，保证每个孩子都能发挥作用;其他小组有质疑的权利，在介绍完毕后，可以自由提问，每个有效的质疑都可以为本组加分。) 3. 修改完善设计方案。 (关注：学生对自己的方案进行修改，但每一步修改都要说明理由。)	会合作 负责任 有主见 懂规则

--------- 活动方案

"空中有来客"

第三周 小小建筑师 活动设计：唐军平

活动主题：小小建筑师	活动对象：四年级学生	活动时长：2课时

目标：

1. 通过自主组建团队，提升团队合作意识和组织能力。

2. 在设计的基础上分工合作，挑选一些材料制作一个鸟巢，在实践中学会一些简单的制作技能。

3. 通过分享鸟巢作品，进一步认识鸟巢的结构和功能的关系，进一步提升亲近"法布尔"、亲近大自然、爱护鸟类的情感。

资源：1. PPT；2. 鸟巢制作材料；3. Pad。

活动任务	实 施 要 求	评价指标
组建团队	1. 组建制作团队。 （1）由上一次活动评选出的优秀设计者组建制作活动团队并担任组长。 （2）小组讨论，产生队名和口号。 （3）小组内进行明确的分工（材料员、操作员、安全员等）。 2. 小组交流：团队组建情况介绍和分工情况。 （关注：引导学生明确团队分工，发挥个人专长。交流要呈现团队精神。）	懂规则
鸟巢制作	1. 材料准备。 （1）根据设计意图，罗列一个材料清单。 （关注：鸟巢的保暖和它的用材有关；鸟巢采用圆的外形可以节省材料；鸟巢中间低边缘高可以防止鸟蛋滚动；鸟儿筑巢一般选取天然的材料，但它们对人类的一些废弃物也会很感兴趣，尤其是颜色鲜艳的和柔软的材料等。） （2）材料的收集。 （关注：教师应在前一次活动中要求学生回去准备一些材料，活动中的材料越丰富越好；也可以在老师提供的材料中挑选用材，或者当场去"法布尔"实验室收集天然材料。） 2. 鸟巢制作。 （1）按小组完成一个鸟巢制作。 （关注：每小组有三张券可以咨询老师，用完即止，要慎重提问，组内先讨论研究解决，无法解决再咨询老师；材料的数量和重量要有限定，评价标准参见附表；每组请先仔细研究活动规则，在规则允许的范围内创意发挥；注意安全使用工具。） （2）作品布置。 （关注：完成的鸟巢作品放置到指定的地点。）	会合作 懂规则 有主见

189

附：材料使用积分表

组号	材料种类（每使用一种材料加 10 分，超过四种不再加分）	材料重量（克）（总重量少于 300 克得 60 分，大于 300 克，每 5 克减 1 分）	咨询券（不使用的，制作结束每张抵 10 分）	材料得分（材料积分和制作评分相加，为总得分）	计 分
1					
2					
3					
4					

> **活动方案**

"空中有来客"

第四周　　　　　　　　鸟儿邀请函　　　　　　　活动设计：唐军平

活动主题：鸟儿邀请函	活动对象：四年级学生	活动时长：2 课时
目标： 1. 通过鸟巢评选活动，进一步感知鸟类的生活。 2. 通过鸟巢邀请函的制作活动，抒发对自然界情感的同时，学会表达和尊重。 3. 通过鸟巢户外展示活动，走进鸟儿的世界，升华对鸟儿的情感，对自然的热爱。			
资源： 1. 制作好的鸟巢；2. 彩笔；3. 工具箱。			

活动任务	实 施 要 求	评价指标
评选鸟巢	1. 交流与分享。 能根据评价标准梳理作品优缺点，围绕下列问题，大胆交流评价。 (1) 我们是给什么鸟做的鸟巢？ (2) 鸟巢的名字是什么？ (3) 我们制作的鸟巢具有哪些功能？（怎么做到的？） (4) 我们的鸟巢有哪些创意？ (5) 我们的爱鸟宣言是什么？ （<u>关注</u>：可以组内一人介绍一个问题，最后一句用爱鸟的口号作为结语。） 2. 评价与提升。 (1) 学生互评。 每人一票，根据评价标准选出最佳鸟巢，引导学生根据评价标准合理公正地评价作品。	会合作 有主见 负责任

续　表

活动任务	实　施　要　求	评价指标
评选鸟巢	(2) 完善与优化。 (关注：引导学生修改与完善作品,知道完善一件作品是需要根据实际情况和多方意见不断地修改。)	
鸟儿邀请函	1. 制作鸟儿邀请函。 (关注：可以图文并茂,写一写"法布尔"实验室的生态;小组制作的鸟巢的妙处;表达一下对于入住对象的诚挚邀请等。) 2. 宣读邀请函。 (1) 小组合作宣读邀请函。 (2) 在邀请函上按手印,并张贴邀请函。	会合作 有主见
安放鸟巢	1. 寻找合适的鸟巢放置点。 (1) 阅读资料并交流。 (关注：小组成员根据资料阅读,交流选址,知道野外鸟巢的选址特点,找出关键的信息,作为鸟巢位置勘察的依据。) (2) 勘察地形。 (关注：根据野外鸟巢的特点,寻找一个高度适合,较为隐蔽的地方,为鸟巢选址;小组成员间可以有不同的选址。) (3) 选址辩论。 (关注：小组成员根据资料阅读,对自己的选址进行论证,确定一个摆放鸟巢的位置,并提交班级层面讨论。) 2. 安放鸟巢。 (1) 探究安放鸟巢的方法。 观看视频：探究自然界中的鸟巢是怎么固定在各种地方的。 (2) 实地安放鸟巢。 (关注：引导学生思考几个点接触才是稳固的。安放鸟巢的过程中,尝试解决一个稳固性的问题。) 3. 实践交流。 (关注：呈现鸟巢野外安放后的照片,并接受全班的评议。)	善学习 会合作 有主见

"法布尔"主题式综合活动课
五年级

"法布尔"主题式综合活动课：

五年级(第一学期)确立"非常水密码"的主题,分为第一周：湿地守护记;第二周：净水池考察记;第三周：节水小专家;第四周：节水宣传 A 计划。

五年级(第二学期)确立"气象万花筒"的主题,分为第一周:调皮的云;第二周:活泼的风;第三周:问天的智慧;第四周:预报员养成记。

五年级(第一学期)

主题:非常水密码

【主题简释】

水,与人们的生活休戚相关。保护环境,从保护水资源、合理正确用水起步。

"非常水密码"主题,由"湿地守护记""净水池考察记""节水小专家""节水宣传A计划"四组活动组成,通过"法布尔"的水环境微系统了解水对维持生态的意义。

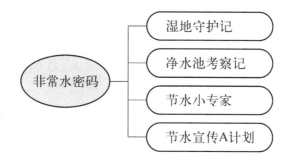

> **活动方案**

"非常水密码"

第一周　　　　　　　　　　湿地守护记　　　　　　　　　*活动设计:高依丽*

活动主题:湿地守护记	活动对象:五年级学生	活动时长:2课时
目标: 　1.通过观看视频,对湿地产生好奇心,绘制湿地生态图。 　2.能用简单的工具对水质进行观察、测量、调查、实验和记录,了解"法布尔"的水源情况,并做好相关记录,提出感兴趣的问题,初步形成环保意识。 　3.通过观察分析学校净水装置的构成,小组合作设计过滤装置,积极参与环保行动,养成关心水源的环保意识。		
资源:1.视频《走进湿地》;2.检测水质材料;3.制作过滤装置材料。		

续　表

活动任务	实　施　要　求	评价指标
水质调查队	1. 学生讨论：如何检测水源？ 2. 小组合作，调查"法布尔"水源。 （关注：四人一组，对"法布尔"中的湿地和水道两处水源观察和测量，用不同的方法进行实验，并记录在表格中。） 3. 交流分享：观察比较湿地和水道两处水源的特点，你有什么发现吗？	懂规则 有主见
了解湿地	1. 观看视频：《走进湿地》。 （1）交流观看的内容。 （2）介绍湿地。 2. 了解湿地的功能和价值。 （1）了解湿地四大功能（出示图片）。 （2）观看模拟小实验。 （关注：湿地蓄水、净化等生态功能。） （3）交流观看感受。 （关注：湿地可以储水、净化掉一些脏东西等。） 3. 绘制"法布尔"湿地生态图。 （1）画一画：为学校"法布尔"设计更完善、美丽的湿地。 （2）学生交流展示。 （3）评选优秀作品并优化。	善学习 有主见 负责任
净水行动组	1. 观看"法布尔"过滤装置，了解净水装置。 2. 设计过滤装置。 （1）认识制作材料。 （关注：了解活性炭、纸片、海绵片、花岗岩石子、石英砂、棉花等不同作用。） （2）学生讨论：如何利用材料？ （3）小组分工制作。 （4）动手实验：测试自己的过滤装置。 ［关注：学生填写制作任务单，装置的名称、选用的材料（勾选）、材料的安放顺序、测试的效果。］ （5）评选优秀作品并优化。 3. 学生交流设计过滤装置体会。 （关注：引导学生从层数以及材料的选择和摆放的先后顺序进行讨论。） 4. 总结：增加过滤的层数和正确放置过滤层的位置，才能有更好的过滤效果。	会合作 勤劳动 懂规则 有主见 负责任

"非常水密码"

第二周　　　　　　　净水池考察记　　　　　活动设计：高依丽

活动主题：净水池考察记	活动对象：五年级学生	活动时长：2课时

目标：
　　1.徒步参观净水池,理解和遵守徒步规则和参观规则,了解企业的环保行为,树立环保意识,初步养成环保行为。
　　2.小组合作,用自己喜欢的方式,完成调研报告。

资源：1.检测水质材料；2.调查所需用品。

活动任务	实　施　要　求	评价指标
徒步参观	1. 了解参观企业的规则。 2. 了解企业的文化和环保理念。 （1）小小记者访问。 （<u>关注</u>：四人为一组,15分钟内访问厂里的工作人员,了解企业的文化和环保措施,并适当记录。） （2）分享交流：在访问的过程中你了解到了什么？ （<u>关注</u>：补充介绍企业的文化和环保理念。）	懂规则 会合作 有主见
完成调研报告	1. 了解工业废水。 （<u>关注</u>：说一说工业废水的危害。） 2. 参观净水流程。 3. 观测净水结果。 （1）小组合作,检测净化后的工业废水。 （<u>关注</u>：两人一组,取少量净化后的水,用 pH 试纸检测水质。） （2）交流检测的结果。 （3）分享感受：说一说看完净水流程后的体会。 4. 完成调查微报告。 （1）出示要求：四人为一组,根据本次的参观,访问企业中的人员,完成一份调查微报告。 （<u>关注</u>：可以图文结合。） （2）交流调查结果。 5. 总结：经过今天的实地观察和学习,我们了解到了工业废水的处理方式,将污水净化回收利用,大大地减少了水资源的污染和浪费,人人都应该做到保护水资源。	善学习 有主见

"非常水密码"

第三周   节水小专家   活动设计:高依丽

活动主题:节水小专家	活动对象:五年级学生	活动时长:2课时

目标:

　　1.通过调查、访问,搜集学校每月用水情况和节水措施,形成调查报告,并能自信地表达自己调查的成果。

　　2.通过"校园节水金点子"交流,发现与日常生活用水有关的事物和场景,表达对自然环境的热爱和保护环境的意识。

　　3.通过模拟"用水节水"情境,收集资料开展辩论,学会遵守辩论规则,自信表达自己的观点。

资源:1.调查问卷;2.辩论视频。

活动任务	实　施　要　求	评价指标
校园用水大调查	1.学生交流:学校的用水和节水情况。 (关注:两人一组,通过调查、访问的方式,搜集学校每月的用水情况和节水措施,并记录。) 2.学生交流:调查结果。 3.思考讨论:哪些地方可以节水?	会合作 有主见
分享校园节水金点子	撰写、交流节水金点子。 (关注:根据校园用水情况,每位学生分享校园节水小妙招。)	有主见
开展用水辩论赛	1.观看视频,了解辩论规则。 (1)学生交流:辩论需要注意什么? (2)介绍辩论规则。 (关注:第一轮:正反交替辩论,第一名辩手说明本队的论点和论据,第二和第三名辩手按顺序补充辩论。第二轮:自由辩论,正反方辩手轮流举手发言,每人辩论的时间为1分钟,到时间停止发言。第三轮:总结辩论,双方派一名代表对今天的观点进行总结陈词。) 2.开展辩论:洗脸是否需要盆子? (关注:每队讨论各自的观点和论据,可以提前写在纸上,准备时间为5分钟。) 3.教师小结:我们在任何时候都要注意节约用水,比如可以根据自己的需求收集洗脸水,用来浇花、冲马桶等,看似小小的举动也能节约水资源,希望你们都能成为节水小达人!	善学习懂规则 会合作

"非常水密码"

第四周　　　　　　　　节水宣传A计划　　　　　　　活动设计：高依丽

活动主题：节水宣传A计划	活动对象：五年级学生	活动时长：2课时

目标：

　　1. 能够探索与日常生活密切相关的环保行为,养成良好的生活节水习惯。

　　2. 小组合作,综合运用图画、文字、表格、实物等表达自己的节水理念,设计节水海报,具有环保意识和行为。

　　3. 小组合作,用语言、肢体动作、歌曲等艺术形式自信、大胆地宣传节水理念与节水方法,参与环保行动。

资源：1. 水费单;2. 画宣传海报材料。

活动任务	实　施　要　求	评价指标
生活节水小妙招	1. 家庭水费大PK。 (1) 说一说自己家的用水情况(每月的用水量、水费。) (2) 学生交流：平时在家的用水习惯。 2. 分享交流：家庭节水好习惯。	有主见
制作海报	1. 制作节水小报。 (关注：四人为一组,用图画、文字、表格等形式制作创意节水海报,分享自己的节水理念。) 2. 全班展示成果。 (1) 每组派代表交流分享节水海报。 (2) 互相点评并优化海报。	会合作 有主见
上街宣传	1. 学生交流：上街宣传规则,制订宣传方案。 (关注：撰写宣传口号、排练节水小儿歌。) 2. 排队出行。 (关注：排队前往目的地,准备好每个小组所需的宣传物品,到达地点后布置好宣传场地。) 3. 开展宣传活动。 (1) 学生交流：各小组宣传节水理念。 (2) 分享感受。 4. 教师小结：通过我们对节水理念的宣传,希望有更多人参与到节约用水的行列中,一起保护环境和地球!	懂规则 会合作 有主见 负责任

五年级(第二学期)

主题:气象万花筒

【主题简释】

气象,是自然界的更大主宰,有气象万千之语。跳出"法布尔",引导学生放眼更广阔的天空,窥探风云的奥秘,确立更高的志向。

"气象万花筒"主题,由"调皮的云""活泼的风""问天的智慧""预报员养成记"四组活动组成,借助"法布尔"的魔力,与天空握手。

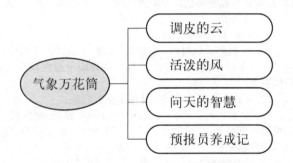

活动方案

"气象万花筒"

第一周　　　　　　　　　　　调皮的云　　　　　　　活动设计:唐军平

活动主题:调皮的云	活动对象:五年级学生	活动时长:2课时
目标: 　　1.通过观察和实验,了解云的形成,能用自己喜欢的方式记录观察所得,能尝试通过现象探究事物的本质。 　　2.通过阅读和绘画创作,感受云的瑰丽,探索与日常生活相关的现象,有强烈的好奇心。 　　3.通过观察和记录云的变化、完成"对比观察量表",探究云的变化与天气之间的关系,引导学生关心身边的事情,积极参加自然探究活动,能够发现并提出问题,对自然充满好奇心。		
资源:1.阅读资料;2.云的图片;3.制作"云"的材料;4.纸张。		

活动任务	实　施　要　求	评价指标
探究云的形成	1. 观察云。 （1）记录观察到的云的情况。 　要求：画一画云的形状、颜色；写一写云的状态（变化或运动）；想一想就看到的现象产生的疑问。 　（关注：如果观察条件不足，老师就播放提前录制的视频资料。） （2）交流观察发现。 　（关注：活动可分小组交流和班级交流，交流的形式为图片展示和语言表达相结合。组长负责汇总组内成员观察云后的有趣发现和有意思的问题。小组间可以开展质疑和互评。） 2. 制作"云"。 （1）学生分组制作"云"。 　（关注：教师提供材料：酒精灯、烧杯、水、冰块、铁架台、石棉网；学生自主讨论制作的方法。本实验教师可提前录制一段视频，供参考。） （2）分工合作，完成操作，并拍摄实验现象。 　（关注：组内对实验要有具体分工，如实验员、观察员、记录员、材料保管员等；小组合作完成"云"的制作，注意安全，完成实验后，能根据实验的现象，组内说说原理。） （3）组内派代表进行实验原理和实验结果的汇报。 　（关注：介绍团队成员和分工，讲述实验现象，分析实验结果。） 3. 活动小结：通过制作"云"的活动，实证云是水蒸气在一定条件下生成的，云就是水。	善学习 负责任 会合作
探秘火烧云	1. 自主阅读《火烧云》。 （1）说说火烧云给你的印象。 　（关注：自由发言，引导学生关注云的颜色变化，这个环节的任务就是解决云的颜色变化的问题。） （2）小组探究火烧云的成因。 　（关注：学生先自主探究，呈现几种观点后，教师再出示资料，加深学生印象。） 2. 云的创意画（学生绘画）。	善学习 有主见
破译云密码	1. 看图识云。 （1）观察云的图片。 　（关注：PPT出示云朵图片，有卷云、卷积云、高积云、卷层云、高层云、雨层云的图片，供学生观察和辨识。） （2）资料阅读。 　（关注：根据资料内容，完成不同的云与天气关系的连线题。）	善学习 会合作 负责任

续　表

活动任务	实　施　要　求	评价指标
破译云密码	2.制作云朵骰子。 (1)制作一个六面体骰子。 (关注:学生用卡纸制作一个正方体。在制作好的骰子上填上云的名称。) (2)骰子游戏。 (关注:掷出骰子,根据骰子正面的云的名称抢答相关的天气现象;组内进行练习赛,挑选队员参加班级大赛;淘汰赛制,最后产生一个优胜奖。)	

-------- 活动方案

"气象万花筒"

第二周　　　　　　　　　　**活泼的风**　　　　　活动设计:唐军平

活动主题:活泼的风	活动对象:五年级学生	活动时长:2课时

目标:

　　1.通过观察活动,探究风是什么,为什么会有风,能用图画、语言、文字、肢体动作等形式,自信地表达自己的认知。

　　2.通过制作风向标的活动,探究风的方向和大小,关心身边的事情,探索与风相关的生活现象,善于发现现象背后蕴含的规律。

　　3.通过分析调查和辩论活动,了解事物的两面性,结合生活经验探究风对人类的影响,并积极自信表达观点,善于思考,有探究的意识和能力。

资源:1.风向标制作材料;2.纸风车制作材料;3.风的视频;4.风的实验材料。

活动任务	实　施　要　求	评价指标
风儿现形记	1.观看视频:《旋转的纸蛇》。 (1)猜猜纸蛇为什么旋转? (关注:记录小组的猜测,可以有多个猜测。) (2)交流。 (关注:汇总学生的交流,引导意见集中。) 2.验证实验。 (1)制作纸蛇并实验。 (关注:小组分工合作制作纸蛇,有条理地开展实验,验证自己的猜测,并完成记录。)	善学习 有主见 会合作

活动任务	实　施　要　求	评价指标
风儿现形记	（2）交流互动。 （关注：各组派出代表交流，其他小组可以进行质疑。） 3. 小结：纸蛇旋转的原因是空气的流动，热空气上升，冷空气下降，空气对流形成了风。	
会变脸的风	1. 风的威力。 （1）观看视频《台风过境》。 对应《风力歌》，你看到的是几级风？ （关注：多媒体出示《风力歌》。） （2）讨论：风给人类带来什么影响？ （关注：说说强风的危害，增强学生防范强风意识。同时，通过感受风的力量，引导学生探究风能的使用。） 2. 风能的使用。 （1）小组合作制作一个纸风车。 （关注：利用老师所给的材料，制作一个可以转动的风车。想一想，风车转动的规律。） （2）玩纸风车。 （关注：说说风车转动的力量来自哪里？利用风可以使风车转动的原理我们能做点什么呢？） （3）小结：风可以推动风车转动，把风能转化为机械能或电能。风能是一种用之不竭的清洁能源。 3. 风能辩论赛：风对人类的影响是正面的还是负面的？ （关注：小组抽签配对，寻找证据，组织语言，辩论两分钟。辩论采用四对四，人人参与的方式进行，每队的四辩要进行总结陈词。注意语言的逻辑性，以及表达流畅。）	有主见 勤劳动 会合作 懂规则
识风大作战	1. 小组讨论：有什么方法可以知道风的踪迹？ （关注：罗列能想到的所有方法，基于科学性和可操作性。） 2. 设计制作风向标（风力计）。 （1）讨论：制作的风向标要能测量什么？怎么实现呢？ （2）初步设计并交流。 （关注：每个小组确定一种思路再进行设计。） （3）制作风向标。 （关注：装置能显示风的踪迹、风力大小，读取信息方便。） （4）实践并优化。 （关注：基于原有设计巧妙增加功能设置，使装置测得的信息更为精确。） 3. 交流互动。 4. 小结：我们可以通过制作测量工具测定风的方向、风力大小，我们也能结合其他的工具测量天气。	会合作 有主见

活动方案

"气象万花筒"

第三周　　　　　　　　　**问天的智慧**　　　　　　　*活动设计：唐军平*

活动主题：问天的智慧	活动对象：五年级学生	活动时长：2课时

目标：

　　1.通过实地参观,了解学校气象站的设备,小组合作完成设备说明书,学会交流并表达自己的想法。

　　2.通过探究古人预测天气的方法以及二十四节气歌,了解物候现象与天气之间的关系,感受和体验古人探索自然现象的智慧。

　　3.通过制作节气物候卡,丰富学生对气候的认知,了解气候变化对人类生活的影响,引导学生爱护身边的动植物和自然环境。

资源：1.学校气象站；2.教学PPT；3.相关阅读资料。

活动任务	实　施　要　求	评价指标
与古人聊"天"	1. 了解古代天气谚语。 (1) 阅读谚语。 ① 云绞云,雨淋淋。 ② 雷打天顶,有雨不狠；雷打天边,大雨连天。 ③ 蜜蜂迟归,雨来风吹。 ④ 朝有棉絮云,下午雷雨鸣。 ⑤ 十雾九晴天。 ⑥ 东风送湿,西风干；南风送暖,北风寒。 ⑦ 蜘蛛张了网,必定大太阳。 ⑧ 木棉花开早,雨季要提前。 ⑨ 早晨地罩雾,尽管洗衣裤。 (关注：说说古人预测天气的方法怎么样?) (2) 小组讨论以上天气谚语中古人的观察对象,并记录。 (关注：天气现象与身边事物现象之间的联系。) 2. 古代"测天神器"。 (1) 观看古代"测天神器"图片。 (2) 猜猜这些测天仪器的功能。 (关注：引导学生感受古代劳动人民的智慧。) 3. 制作节气物候卡牌。 (1) 自主阅读：《节气歌弹词》《二十四节气花卉表》《农耕馆节气墙》。	有主见 善学习

活动任务	实　施　要　求	评价指标
与古人聊"天"	（2）制作节气卡。 （关注：根据阅读的内容中的信息，制作节气小卡牌。） （3）节气物候卡展示。 （关注：每个小组制作两张节气物候卡；每张节气物候卡片上，要有节气的名称、对应的花卉、对应的气候、对应的农事等；节气卡要精心设计布局合理，图文并茂，并配上讲解词。）	
参观"法布尔"气象站	1. 参观气象站。 （1）记录观察到的仪器。 （关注：画一个气象站的草图，在草图上标出每一种仪器大致的位置。） （2）讨论每一种仪器的作用，并求证。 （关注：小组探究每一种仪器的作用，细致观察和深入调查，初步了解每一种仪器的使用方法并记录。） （3）制作仪器使用说明书。 （关注：说明书包含名称、测量内容、使用方法、注意事项等，还可以有个性化的设计。） （4）气象站仪器说明书展示。 （关注：指定地方张贴，并附带解说一名。每个学生有一张"小蜜蜂"贴纸，贴在自己认可的作品上。） 2. 探究气象站的作用。 （1）想想气象站能让我们知道些什么？ （关注：根据气象站里的设备，思考气象信息里包含哪些方面的内容并记录。） （2）学生交流。 （关注：引导学生基于气象站的设备进行思考，寻找气象要素。） （3）小结：气象预报要综合很多信息进行判断，如风力、风向、温度、湿度、气压、蒸发量等。气象站的作用就是收集气象资料，进行气象分析和气象预测。 3. 探究气象与人类生活。 （1）说说现代气象预报对于人类生产生活的作用。 （关注：请学生根据生活经验适当举例，给予学生充分表达的时间。） （2）观看视频（风云卫星、地面雷达系统等），写一句充满民族自豪感的感悟。	懂规则 会合作 善学习 有主见

活动方案

"气象万花筒"

第四周 　　　　　　　　　　　**预报员养成记** 　　　　　　　活动设计：唐军平

活动主题：预报员养成记	活动对象：五年级学生	活动时长：2课时

目标：

1. 通过参观奉贤气象局，认识在地气象的预报系统，能用自己喜欢的方式记录观察所得，并积极提问，引导学生关注天气预报的形成机制。

2. 通过完成参观后的自主选择任务，能就自己感兴趣的内容进行探究，提升学生对气候变化的关注度和主动保护环境的意识。

资源：1. 奉贤区气象局；2. 视频和图片。

活动任务	实　施　要　求	评价指标
气象局取经记	参观气象局。 (1) 参观室外气象仪器(气象仪器宝库)。 (关注：在讲解员带领下，按路线依次参观气象局室外的仪器场地，聆听讲解，并就感兴趣的内容积极提问。) (2) 参观室内展览(气象历史长廊)。 (关注：在讲解员的带领下，参观气象局一楼和二楼的气象长廊，了解一些奉贤的气象历史，了解一些气象的发展史，学生边听边做一些记录。) (3) 参观气象局会商室(知识小讲堂)。 进入气象局核心部分——气象会商室参观，近距离了解气象工作者的工作平台和工作场景，听《气象与物候》的讲座。 (关注：注意安静有序参观，不干扰正常的工作，能主动了解气象预报的产生过程，并制作一张流程图。)	有主见 善学习 懂规则
认证大考验	小组合作，根据教师提供的任务，选择其中的一个完成气象预报员的认证。 认证活动一：模拟天气预报。 (1) 收集当天的所有气象数据。 (2) 选取觉得有用或重要的数据，制作一条天气预报。 (3) 制作一块有天气标识的背景板。 (4) 在家拍摄一条天气播报并上传。 (5) 天气预报的播报可以呈现个性设计。 (关注：可以使用道具，通过语言、肢体完成一次精彩的天气预报，欢迎家长参与。)	会合作 有主见 负责任

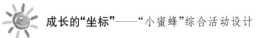

活动任务	实　施　要　求	评价指标
认证大考验	认证活动二：调查灾害天气。 (1) 认识灾害天气。 (关注：查找资料，初步认识一些灾害天气及其影响。如台风、龙卷风、暴雪、冰雹、大雾、干旱等。) (2) 调查一种灾害天气。 (关注：自主调查一种灾害天气，形成灾害天气调查报告，填写灾害天气名称、预警信号、一般出现时间、一般持续时间、形成的原因、可能造成的后果、历史上造成重大损失的事件、如何正确地应对。) 认证活动三：预报员自画像。 学校气象站要招聘首席天气预报员，请上交一份简历。 (关注：简历应包含自己的信息、自己的优势、自己对气象的理解。)	

后　记

　　"小蜜蜂"综合活动课程在洪庙小学的课程演绎中,不会是故事的终结。这所农村远郊小学根植的课程文化,是有一条清晰的发展脉络可寻的。从衍生于"法布尔"实验室的兴趣活动,到校本特色生态课程,再到主题式综合活动课程,学校经历了课程演绎的所有生态,用六年多的时间,打造了一个区域课程高地。一句"让远郊农村的孩子也能享有优质的课程",激励着洪小课程教师不断前行。从 1 个到 3 个,从 3 个到 10 余个,再到今天的 40＋,优秀的教师云集到了课程研发和推行的第一线。牺牲了节假日,贡献了智慧和汗水,只为了一个信念——基于儿童立场,创设有利于学生身心发展同时又使之兴趣盎然的课程。

　　面朝课程开发的试验田,敢于尝试是我们的勇,长于反思是我们的智,精于管理是我们的锐。通过科学有效的管理,我们把学校的各种资源内化为课程领域开拓的锐劲。课程管理团队高位引领,制定课程理念和纲要,协调课程研发资源,组织相关观摩与培训;课程研发团队分工明确,在目标导向下,制定课程研发任务,规定时间节点,定期交流反馈;课程实施团队执行坚决,转变课堂教学观念,尊重儿童立场,丰富学生实践体验。数十人数年的努力,让"小蜜蜂"综合活动课程成为孩子们的成长坐标,记录孩子们在五年校园生活中的鲜活印迹。

　　今天,我们呈现了具有学校烙印的综合活动课程文本。经过了辩证推敲,几易其稿,推行了两轮实践,修改完善,课程立起来了,成为学校新时期的发展支点,在区域具有了一定知名度。但说到成功,我们觉得还有很长的路要走。课程与学生实际的匹配程度以及课程的效益还需要时间的检验。指向学生综合素养的提升工程非一日之功,需要我们化身开拓者勠力前行,也需要我们作为坚守者静待花开。

图书在版编目(CIP)数据

成长的"坐标":"小蜜蜂"综合活动设计 / 何春
秀主编. — 上海:文汇出版社,2021.7
ISBN 978 - 7 - 5496 - 3597 - 9

Ⅰ.①成… Ⅱ.①何… Ⅲ.①活动课程-课程设计-
小学 Ⅳ.①G622.3

中国版本图书馆CIP数据核字(2021)第118848号

成长的"坐标"

——"小蜜蜂"综合活动设计

主　　编 / 何春秀

副 主 编 / 陶瑜蕾　唐军平　刘　桑

责任编辑 / 张　涛

封面装帧 / 梁业礼

出 版 人 / 周伯军

出版发行 / 文匯出版社
上海市威海路755号　(邮政编码200041)

经　　销 / 全国新华书店

排　　版 / 南京展望文化发展有限公司

印刷装订 / 上海颛辉印刷厂有限公司

版　　次 / 2021年7月第1版

印　　次 / 2021年7月第1次印刷

开　　本 / 787×1092　1/16

字　　数 / 230千字

印　　张 / 14

ISBN 978 - 7 - 5496 - 3597 - 9

定　　价 / 56.00元